"देश प्रेम और जीवन के रंग"

एक माँ की कलम से...

श्रीमती शशि देवी शर्मा

टू साइन

प्रकाशक : ट्रू साइन पब्लिशिंग हाउस

पता : SY.N0.21/2 & 21/3, सोननहल्ली,

कृष्णराजपुरा, बेंगलुरु, कर्नाटक - 560049 भारत

ईमेल : truesignbooks@gmail.com

वेबसाइट : www.truesign.in

© प्रकाशकाधीन

"देश प्रेम और जीवन के रंग"
एक माँ की कलम से...

लेखिका: श्रीमती शशि देवी शर्मा

ISBN: 978-93-5904-023-3

संस्करण: 2023

सरस्वती वंदना

जयति जय-जय माँ सरस्वती
जयति वीणा धारणी

जयति पदमासना माता
जयति जय-जय कारिणी

जगत का कल्याण कर माँ
तू ही विघ्न विनाशिनी

जयति जय-जय माँ सरस्वती
जयति वीणा धारिणी

कमल आसन छोड़ दे माँ
देख भारत की दशा

शांति की सरिता है माँ तू
फिर से जग में जन्म ले

जयति जय-जय माँ सरस्वती
जयति वीणा धारिणी

प्रस्तावना

देश प्रेम, नारी शक्ति और पर्यावरण से संबंधित विषयों पर आधारित एक कविता संग्रह का स्वागत करते हैं। यह संग्रह एक सफर की तरह है, जहां हम देश प्रेम के रंगों को खोजेंगे और महिलाओं की शक्ति की प्रशंसा करेंगे। इस संग्रह में राष्ट्र प्रेम और ममत्वा की काव्यिक वाणी से जुड़ी कविताएं हैं, जो हमें आंतरिक और बाहरी दुनियाओं में एकता, प्रेम और उम्मीद की गहराई को अनुभव कराती हैं।

प्रस्तुत कविता संग्रह में आपको आधुनिक भारत की झलक देखने मिलेगी। इस संग्रह में लघु और मध्यम आकार की कविताएं हैं, जो उत्कृष्टता और सरलता का संगम प्रस्तुत करती हैं। यह कविताएं देश की प्रकृति, स्थानीय सभ्यता और राष्ट्रीय चेतना की भावनाओं को झलकाती हैं। नारी शक्ति को समर्पित कविताएं इस संग्रह की अद्वितीयता हैं। यहां हम शक्तिशाली महिलाओं की महानता, साहस और समर्पण की कहानियाँ प्रस्तुत करेंगे, जो समाज में परिवर्तन लाने की प्रेरणा और उदाहरण के रूप में पेशकश करेंगी।

इस संग्रह के माध्यम से हम अभिव्यक्ति की सामरिकता, सम्बन्धों की गहराई, लोकप्रिय शैली और एक समृद्ध भाषा के माध्यम से पाठकों को प्रभावित करने का प्रयास करते हैं। हमें गर्व है कि हम देश प्रेम की मधुरता और महिला शक्ति के साथ ही प्रकृति चित्रण की महत्त्वपूर्ण कविताओं को प्रस्तुत कर रहे हैं।

इस पुस्तक को तीन खण्डों में बाँटा गया है, जिसका प्रत्येक खण्ड एक खास मनमोहक दृश्य प्रस्तुत करने में समर्थ है। इस काव्य संग्रह में कई धाराएँ स्वतंत्र रूप से प्रवाहित होती नजर आती हैं जिनका अलग-अलग प्रभाव है, जैसे राष्ट्रीयता, पर्यावरण और परिवर्तन, महिला सशक्तिकरण।

इस संग्रह को पढ़कर, हम आशा करते हैं कि पाठक उन्नति, प्रेरणा, सम्पूर्णता और सच्ची ख़ुशी का अनुभव करेंगे। यह संग्रह एक समस्त रंगों, भावनाओं और विचारों के सम्पन्नता का प्रतिबिंब है और यह हमें समृद्ध एवं सशक्त समाज की ओर अग्रसर करेगा।

-पब्लिशर

कविता लिखने की प्रेरणा

कविता लिखने की चाह :

मुझे राष्ट्रीय पर्वों पर राष्ट्रीय गान और कविताएं सुनने में बहुत आनंद आता था और मैं देश भक्ति में डूब जाती थी, वहीं से मैने अपनी कविता लेखन की क्षमता को पहचाना, कविता मेरा अनुराग है, मेरी अभिलाषा है, मेरी अनुभूति है, मुझे कविता पढने में बहुत आनंद आता है।

मेरी कविता मेरी भावना है, मैनें अपनी अंतरात्मा और कविता को साक्षात करने का प्रयत्न किया है यह प्रयत्न का परिणाम जिस रूप में हो वही मेरी कविता है।

मैं और मेरी कविता :

सच तो यह है कि कविता लिखने के लिये समय का आभाव था, पर एक दिन मेरे ऊपर ऐसा संकट आया और मेरे पास खाली समय ही रह गया जब मेरा बेटा मेरे पति को भी मुझसे छीन कर अलग रहने लगा, इसका क्या कारण था यह तो मैं नहीं जानती किन्तु, यह मेरे जीवन का सबसे बड़ा संकट था। संकटों से जीना तो मैंने पहले ही सीख लिया था लेकिन माँ के हृदय की वेदना तो एक माँ ही समझ सकती है।

मेरे अंतर्मन ने अचानक उडान भरी और जीवन जीने की आशा जगी तब मैंने गीता का कई बार अध्ययन किया और मन में सोचा दुनियां क्या है, क्या कह रही है, हँस रही है, इससे मुझे क्या लेना, मुझे अब ऐसा काम करना चाहिए, जिससे मेरा समय अच्छी तरह से व्यतीत हो तब मैंने खाना पीना अच्छा-बुरा जो जैसा हो उसी में गुजारा करना सीखा और कविता लिखने लगी वैसे मेरी कविता राष्ट्र प्रेम और प्रिय नेता, नारी शक्ति, माँ की भक्ति, देश की वर्तमान स्थिति, पर्यावरण परिवर्तन आदि पर है कुछ कविताएँ मेरी जिन्दगी के अतीत की सूक्ष्म गाथा है, अपने जीवन के संघर्षों को मैंने कविताओं के जरिये व्यक्त करने की कोशिश की है। और आगे भी जिन्दगी रही तो लिखती रहूँगी।

धन्यवाद

-श्रीमती शशि देवी शर्मा
प्रधानाध्यापिका
सर्वोदय माध्यमिक विद्यालय

जीवन परिचय

श्रीमती शशि देवी शर्मा

मेरा जन्म सन् 2/3/1950 में सिरोंज में अपने पैतृक घर पर हुआ था। मैं अपने आठ बहिन भाईयों की सबसे छोटी बहन होने से सभी का प्यार बहुत मिला। लेकिन पिता के पुराने विचारों के होने के कारण मैं कक्षा 12वीं तक ही पढ़ाई कर पाई थी। शादी होने के बाद पति के प्राईमरी स्कूल में पढ़ाती थी। इसी बीच मैंने बी.ए., बी.एड. की पढ़ाई पूरी कर ली थी। स्कूल मेरी जिंदगी बन गया था। अपनी मेहनत और लगन से स्कूल के लिए माध्यमिक स्कूल की मान्यता प्राप्त कर ली थी और अब स्कूल ही मेरी पहचान बन गई है। उसकी जिम्मेदारी को मैंने बखूबी निभाया। मेरी दो प्यारी बेटियाँ और एक प्यारा बेटा है। सब अपने कदमों पर खड़े है। उनके जीवन में भी खुशियाँ की सारी सौगात भर दी है, और अब मै अकेली रह गई हूँ। कविता की पंक्तियों को ही सजाती सँवारती रहती है, यही मेरी जिन्दगी है।

यही मेरी जिन्दगी है.....

अनुक्रमणिका

खण्ड - 1

खण्ड - 3

खण्ड - 1

देशप्रेम

निर्मोही प्रेम

जिसे राधे नाम का नशा चढ़ा, उसे और नशे से क्या लेना।।
जिसे मातृ-भूमि से प्रेम हुआ, उसे और प्रेम से क्या लेना।।
जिसे रहना हो वृंदावन में, उसे ताज महल से क्या लेना।।
जो पीता पानी गंगा का, उसे महासागर से क्या लेना।।
जिसकी वाणी ही विस्फोटक हो, उसे चिंगारी से क्या लेना।।
जिसे मिलता रोज मूल-मंत्र, उसे ब्रह्म ज्ञान से क्या लेना।।
जिसने त्याग दिया मर्यादा को, उसे कर्तव्यों से क्या लेना।।
जो चलते और इशारों से, उसे उच्च विचारों से क्या लेना।।
जिसे खाकी वर्दी का शौक हुआ, उसे जीने-मरने से क्या लेना।
जिसे चारों वेदों का ज्ञान मिला, उसे और पुराणों से क्या लेना।।
जिसे हीरो की खान मिली, उसे रत्नों से क्या लेना।।

चौकीदार

वाह रे चौकीदार-वाह रे चौकीदार

दिन-रात कठिन परिश्रम कर तू विश्व का गुरु बन बैठा।

वाह रे चौकीदार-वाह रे चौकीदार

दिल्ली की गद्दी पर तुझे देश दिखाई देता है।

वाह रे चौकीदार-वाह रे चौकीदार

भारत की रक्षा के हेतु एक सपेरा आया है।

वाह रे चौकीदार-वाह रे चौकीदार

भटके भूल-भुलाइयों को राह दिखाने आया है।

वाह रे चौकीदार-वाह रे चौकीदार

उल्माओं के दिल का छाला दूर किया है मोदी ने।

वाह रे चौकीदार-वाह रे चौकीदार

शन्नो और शफीना नाचें और बाँटे मिष्ठान।

वाह रे चौकीदार-वाह रे चौकीदार

भारत माता के कर्जों का कर्ज चुकाने आया है।

वाह रे चौकीदार-वाह रे चौकीदार

कुछ पंछी पहले से पलते थे, राजनीति के दानों पर।

वाह रे चौकीदार-वाह रे चौकीदार

उन पंछी को राह दिखाने आया है।

वाह रे चौकीदार-वाह रे चौकीदार

तुमको नमन सतवार।

वाह रे चौकीदार-वाह रे चौकीदार

भगवा

विद्रोह मत कीजिए, विरोधियों के हृदय का रंग भी फगवा है।

पानी पर पड़ती, सूर्य की किरणों का रंग भी फगवां है।

निकलते सूर्य को देखो, तो आसमान का रंग भी फगवा है।

बरसात के अंत में देखो, तो बादलों का रंग भी फगवा है।

फगवा शान है.. अभिमान है, नए भारत की पहचान है।

राम-कृष्ण के रथ पर लहराते, झंडे का रंग भी फगवा है।

फगवा साधु-संतो का वागा है, जिस पर लिखा रहता है श्री राम।

फगवा तो लोधी जी के, कपड़ों की पहचान है।

फगवा पाप-पुण्य और धर्म का एक तराजू है।

देश की रक्षा करने वाले भी, फगवा धारी हैं।

फगवा एकता में अनेकता की पहचान है।

फगवा का सम्मान करो, न अपमान करो।

जहाँ होता है फगवा का सम्मान, वहाँ बसते है अल्लाह और भगवान।

"देश प्रेम और जीवन के रंग" एक माँ की कलम से...

भारत की छवि

सबसे सुन्दर देश हमारा, इस अल्वेले की छवि न्यारी।

रोज सुबह शीतल बह प्यारी, भँवरों की छवि न्यारी।

सुबह-सुबह कलियाँ खिल जातीं, कमलों की छवि सबसे प्यारी।

मंदिर-मंदिर घंटियाँ बजतीं, मस्जिद की आजानें प्यारी।

चिड़ियों की चह-चहाहट प्यारी, कोयल की है कूक न्यारी।

ताल-तलइयाँ प्यारी-प्यारी, भोपाल ताल की छठा न्यारी।

मस्जिद की मीनारें प्यारी, जामा, ताजुल्ल की छवि न्यारी।

पूर्व-पश्चिम उत्तर-दक्षिण, चारों धाम की छठा न्यारी।

जहाँ होती बर्फवारी, काश्मीर की है छवि न्यारी।

पाँच प्रयागों की गति न्यारी, प्रयागराज की छठा न्यारी।

काशी में कैलाशवासी, विश्वनाथ की छवि न्यारी।

गाँव-गाँव की छवि है प्यारी, कृषकों की छठा न्यारी।

सेना करती देश की सेवा, उन जवानों की हिम्मत न्यारी।

चुनावी हवा

नरम-गरम हवा बह रही, मौसम ने ली अंगड़ाई।

मोदी-मोदी जनता बोले, रैली और सभाओं में।

नेताओं में छाई खुशहाली, देखो चुनावों की हो रही तैयारी।

नेता लदे हुए व्यानों से, सुन-सुन जनता हो रही बावरी।

एक से बढ़ कर एक बोले, मानों शब्दों की बह रही सुमारी।

देखो चुनावों की हो रही तैयारी....।

नव दुर्गों का हो रहा पूजन, रामराज्य का अभिषेक।

नव वर्ष की हो रही तैयारी...।

रिश्ते सारे निभा रहे हैं, सबको अपना बना रहे हैं।

लंगूरों से देश को बचाने की, चल रही है तैयारी।

नेता घर-घर जाकर, घरवालों को गले लगावें।

मीठी-मीठी भाषा बोलें, ऐसे बन जाए रिश्तेदारी।

अब चुनाव की हो रही तैयारी।

वोट मेरा अभिमान है...,

वोट मेरी पहचान है...,

वोट मेरा स्वाभिमान है...।

अब लाइन में लगने की, आ गई है बारी।

नरम-गरम हवा बह रही, देखो चुनावों की हो रही तैयारी...।

भारत माँ तुझे सलाम

है मातृ-भूमि तुझे सलाम, तुझे सलाम।

कमला कमल विहारणी तुझे सलाम...।।

हिन्दु-मुस्लिम, मंदिर-मज्जिद सब तेरी है शान।

माँ तुझे सलाम...।।

तेरी मिट्टी की खुशबू है, रत्नों की ही खान।

माँ तुझे सलाम...।।

भगत सिंह की राख पुकारे।

माँ तुझे सलाम...।।

सुबह-सवेरे पंख पखेरू तेरे करें गुणगान।

माँ तुझे सलाम...।।

आजादी के फल है बंदे, धनिकों की मीनार।

माँ तुझे सलाम...।।

माँ तुम सम्बल हो शक्ति हो, सारी सृष्टि की निर्माण।

माँ तुझे सलाम...।।

लाखों हुए समर्पित, और लाखों नव-निर्माण।

माँ तुझे सलाम...।।

आजादी का पर्व

आज राष्ट्रीय त्योहार है आजादी की बहार है
सुबह सवेरे सूरज निकला
सारा विश्व देख रहा भारत माँ की जय-जयकार है।
दुखियों के जो भाग्य विधाता उनकी जय-जयकार है
परवानों की बहार है नये नये अविष्कार है।
एक बाग के फूल हैं हम एक भारत माता।
दाना-पानी देने वाला एक हमारा दाता
ऊँच-नीच की, भेदभाव की दीवारों को तोड़ो
बदला जमाना, तुम बदलो बुरी आदतें छोड़ो,
ना जाने किस व्यक्ति ने हमें लडना सिखाया
एक बाग के फूल हैं हम एक माला के मोती
शबरी की तरह सेवा कर लो, बोल कबीर से बोलो
तोड़ नफरतों को प्यार की भर दो झोली
यौद्धा बन जाओ बजरंगी से अर्जुन जैसे वीर सिपाही,
इस धरती माता को मिट्टी से न तोलो
भारत माता के चरणों में अपना जीवन जीलो।

भेद भाव से परे आजादी

आजादी एक साहसिक पथ है,

आजादी एक खुशबू है, नशा है, चाँदनी की उषा है आजादी

आजादी राख से चिन्गारी बनाती है

देश के लिये मर मिटने की आशा

जिन्दगी में सुकून जगाती है।।

आजादी बहती पावन पवन मलय चंदन सी सुगंध फैलाती है।

आजादी हमारी थाती है निर्मलता का वरदान नहीं

क्यों आतंकित हो क्यों शंकित हो, क्यों पौरूष पर अभिमान नही

यह देश हमारे भावों की अभिव्यक्ति है

मातृ भूमि पर मर मिटने की पैदा करती शक्ति है।

आजादी हमारी धड़कन है हर माँ की लोरी है

यह देश को बाँध कर रखने वाली ताकत की डोरी है

इस धरती पर पल-बढ़ कर हर लाल भगत सिंह बन जाता है

भाल पर रज का तिलक लगा बेटे का फर्ज निभाता है।

आजादी पाने के लिये अनेक सपूतों ने बलिदान किये

कुछ हीरो तो ऐसे थे जो गुमनामी में खो गये।

देश भक्ति

तलवार हाथ में आखों में खूनी लाली,
बादल सी बिजली चौंध गई विचित्र विचार वाली।
देश का कर्ज चुकाने को रोम-रोम रोमाचिंत है।
मन में ममत्व जाग उठा हदय में बिजली चमक उठी
कर्तव्य की वेदी पर आदम्य साहस की हवा चली
मातृभूमि की रक्षा हेतु विद्रोह करने की ठानी
सागर की लहरों जैसी विशाल संवेदना जागी,
आँखों में खून उत्तर आया
मुख पर दमक उठी लाली
एक अरब भारत वासी, सब उठ खड़े हुए
करी प्रतिज्ञा सबने मिलकर
तन मन धन जीवन माँ को अर्पण करने की ठानी
देशहित में रहे शाम सवेरे
देश भक्त मतवाले है, हाथ में लेली खंजर
सवने उच्च सतत सुरक्षा वाली
देश प्रेम की गरिमा के हम
घर घर दीप जलाएंगे
आओ हम सब करे प्रतिज्ञा,
भारत की शान बढायेंगे।
मिल सब अमर शहीदों को श्रद्धा सुमन चढायेंगे

"देश प्रेम और जीवन के रंग" एक माँ की कलम से...

भारत माता और माँ की उपमा

भारत वेदों का मूल मंत्र, माँ गीता की वाणी सी

भारत बरगद की छाया है तो, माँ द्वारे की तुलसी सी

भारत कविता की सहज वेदना, माँ महाकाव्य की काया सी

भारत वसंत की सुरभि बेला, माँ बगिया की अमराई सी

भारत यमुना की सहज लहर है, माँ रेवा की गहराई सी

भारत गंगा की निर्मल धारा, माँ गोमुख की ऊँचाई सी

भारत ममता का मानसरोबर, मां हिमगिरी के विश्वास सी

भारत धरती की हरि दूब है, माँ केसर की क्यारी सी

भारत कबीर की साखी है तो, माँ तुलसी की चौपाई सी

माँ पूरी सृष्टि निछावर जिसपर, भारत माँ की छवि न्यारी सी

माँ की उपमा केवल है, माँ केवल भगवान सी

प्यारा हिन्दुस्तान

प्यारा हिन्दुस्तान - प्यारा हिंदुस्तान

अर्जुन का चमकता बाण है। हम टीपू जैसी तलवार,
हमें अपनी जान से ज्यादा अपना भारत प्यारा है
प्यारा हिन्दुस्तान - प्यारा हिंदुस्तान
भीख में मिले टैंकरो से ज्यादा
भारत में मिसाइलों के ढेर लगे
काश्मीर में पैर रखा तो
दो दिन का मेंहमान
प्यारा हिन्दुस्तान - प्यारा हिंदुस्तान
नापाक इरादों से तूने इस धरती को घेरा है
देश की रक्षा करने को हम कर देंगे बलिदान
प्यारा हिन्दुस्तान - प्यारा हिंदुस्तान

यहाँ खंजरों का काम नहीं
जनून से पहाड़ कांपते हैं
कदम-कदम पर मिलते काँटे
उनसे हम नहीं डरते हैं
फिर कुछ भी हो परिणाम

प्यारा हिन्दुस्तान - प्यारा हिंदुस्तान

दो कौमों का नारा अब नये दौर में बदल गया

सब भारत वासी एक हुये सुन तू होगा हैरान

प्यारा हिन्दुस्तान - प्यारा हिंदुस्तान

समय-समय पर शाहदतों का कर्ज हम उतारेंगे

तेरे ही घर में घुसकर

भारत के शेर मारेंगे

यही हमारे अरमान

प्यारा हिन्दुस्तान - प्यारा हिन्दुस्तान

रोटी उधार की तेरी कपड़े उधार के तेरे

नापाक था नापाक रहेगा यही हमारा वरदान

प्यारा हिन्दुस्तान - प्यारा हिन्दुस्तान

आजादी जो मिली हमें उसे ना लुटने देंगे

कश्मीर हमारा है कश्मीर कभी ना देंगे

चाहे कुछ भी हो अंजाम

प्यारा हिन्दुस्तान - प्यारा हिंदुस्तान

हिन्द है जन्नत की तस्वीर

तस्वीर कभी ना देंगे

प्यारा हिन्दुस्तान - प्यारा हिन्दुस्तान

तु सुनले पाकिस्तान

तु सुनले पाकिस्तान

मै भारत का वासी हूँ

अपने देश में रहता हूँ, मैं भारत का वासी हूँ

भारत की गलियों में रहकर, दुख के कंकड़ चुनता हूँ

लेकिन वो कंकड़ मुझको, मोती जैसे लगते हैं

मुझसे आँख मिलाये कौन, मैं भारत का आईना हूँ

माँ तेरे सिवा कुछ और न दूजा, मैं भारत का बेटा हूँ

मेरे जीवन की दु:ख भरी गली में, भारत जंगल का रास्ता है।

भारत लहर है दरिया है मैं भारत माँ का सपूत हूँ,

देश मेरी माता और पिता है, देश मेरा पितामाह, भारत ही पितामही है।

जन्नत का हर लम्हा दीदार, भारत तेरी गोद है

हर प्यार मैं तो क्या, मेरा पूरा का पूरा जीवन तेरा कर्ज़दार।

बहारें चुनावों की

सीने में दिल धड़कते हैं जब आई बहारें चुनावों की

गम के शोर खड़कते हैं जब आई बहारें चुनावों की

गुब्बारे भरे हो जनता के और मंजिल की तैयारी हो

एक-दूजे में भारी पड़ते हैं, जब आई बहारें चुनावों की

कोई पैर पूजते केवट से, कोई गंगा पूजे बनारस में

आशीष मांगते भोले से, जब आई बहारें चुनावों की

कोई रैली करता नावों में कोई खाता खाना झोपड़ में

कोई रात बितावे खटिया पर, जब आई बहारें चुनावों की

कोई बनी है लक्ष्मी बाई, कोई दुर्गा माता

कोई बन गई फूलन देवी, जब आई बहारें चुनावों की

कोई समझे वीर शिवाजी, कोई राणासांगा

कोई टीपू की तलवार बनी, जब आई बहारें चुनावों की

रामलला की बात ना हो, नेता मंदिर-मस्जिद जावें

साधु रह गये ठगे-ठगे, जब आई बहारें चुनावों की

कोई रामलला पर भाषण देवे

कोई ले मस्जिद का नाम

राम रहिम पर सियासत होवे

जब आई बहारें चुनावों की

जागो देश भक्तो

जागो देश भक्तों जागो, अब तो जागो
कट्टरता के आगे कभी, शीष न झुकाओ।
यह कट्टरता नहीं, यह तो सत्ता का भुतवा है।
कर्तव्यों के पावन पथ पर, सरिता की धार बहाओ
धरती पर अंकित आतंक को अपनी एक हुंकार से भगाओ
यह तो है शतरंज का खेल, बाधाएँ पगपग पर हैं
यदि सफलता पाना है तो, बाधाओं से ना घबराओ
गर उँगली कोई उठाये तो, उसका हाथ उठाओ
ठान लिया है तो, जुट जाओ पूरे मन से
कठिन नहीं होंगी राहें, चलने लगेंगे कदम बिन लड़खड़ाये।
रोशनी और अंधकार को, एक तराजू से ना तौलो
पूर्ण मनोयोग से साहस करो, नामुमकिन को मुमकिन करो
डुबकी का युग बीत गया है, उतरो गहरे जल में
जागो देश भक्तों…

गरजो

गरजो तो बादल की तरह गरजो,

बरसो तो सावन भादों की तरह बरसो,

गरजो तो देश के गद्दारों पर गरजो,

सही वक्त ढूंढो और फिर गरजो,

नही तो तमाशा देखो इंद्रधनुष की तरह।

त्याग करो लक्ष्य को पहचानो

नींद नहीं विश्राम को त्यागो कर्म कांड अस्तित्व को पहचानो

असंभव को संभव कर डालो

झंडा

झंडा देश की गौरव गाथा साहित्य का है ज्ञान

आओ सब मिल करे झंडे का सम्मान

भारत के वीर सपूतों की भूमि हर माँ की ये लोरी है।

झंडा देश को बाँधने वाली ताकतवर डोरी है।

झंडा देश की शक्ति, है हम सबकी जान

आओ आज हम सब मिलकर करे इसे प्रणाम

झंडा हमारी संस्कृति है, भावो की अभिव्यक्ति है,

झंडा भारत की हदय वेदना जनता की पिपासा है।

शर्म नही सम्मान करो सब मिलकर प्रमाण करो

झंडा एक बड़ी चेतना जन मन गण है गान

झंडे कीशक्ति है हम सब की शान

आओ इसको सब मिलकर करें प्रणाम

झंडा देश की आन बान भारत का स्वाभिमान

झंडा हर भारत वासी की बहुत बड़ी पहचान

आओ हम सब मिल करें प्रणाम-करें प्रणाम

मोदी और शाह की उपमा

मोदी चंद्रगुप्त से हैं

शाह चाणक्य से

वीर शिवा से मोदी हैं

शाह बिल्कुल सांगा से

मोदी अगर है एटम बम तो

शाह अग्नि वाण से

मोदी है हीरा की खान

शाह पक्के मोती से

मोदी विस्फोटक तो

शाह है चिंगारी से

मोदी है तुलसीदास तो

शाह है हनुमान से

मोदी भाग्य बदलने वाला

शाह भाग्यविधाता से

मोदी का बाण चले तो

शाह परशुराम के फरसा से

मोदी वीर मराठा है तो

शाह है बुंदेला से

मोदी बडे समन्दर है
शाह है तूफ़ान से
भारत भाग्य बनाने
मोदी शाह ना पीछे कदम धरे
भारत माता के चरणों में मोदी
शत शत नमन करें

 "देश प्रेम और जीवन के रंग" एक माँ की कलम से...

प्रधानमंत्री मोदी

मोदी नहीं समुंदर का मोती है,
पीएम जैसे चाँद सितारों का
मोती भारत में बहुत हुये
पर यह अमूल्य मोती है,
मोती यदि टूट पड़े तो
दुश्मन चका-चौंध हुये
मोदी नहीं विस्फोटक है
चिंगारी फौलाद सी है
शब्द नहीं शब्द वाण है वह,
जो घातक ब्रह्मशात्र से हैं।
गरज पड़े तो डर जावे, सुनकर शब्द धमाकों के
सुनकर शब्द धमाकों के, दुश्मन चकनाचूर हुये
एटम बम की कौन कहे, शब्द बने बड़े धमाकों से
किया धमाका पाकिस्तान पर
पाकिस्तान कब्रिस्तान बने
दुश्मन काटे एक शीश को, मने दिवाली दस सिर वाली
आर्थिक क्रांती का दौर चलाया, आतंकी हैरान हुये
आँख उठाकर जो देखे भारत को

फूटे आँखें उसकी काली-काली
दम घुटता हैं पाकिस्तान का
आतंकी हृदय घात हुए

मोदी का धर्म

मोदी तेरा करम क्या निभाया धर्म

370 हटाया मजा आ गया।

70 सालों से जो अब तक ना हुआ

एक दिन में वह सारा सफा हो गया

महबूबा को बंद किया तो मजा आ गया।

बाघ गीदड़ की भाँती गरजते रहे,

शाह गीदड़ की छाती पर चढ़ ही गये,

बंद अब्दुल्ला को करा तो मजा आ गया।

रामलला खड़े थे अदालत में

मोदी विश्वास पर ही खड़े रहे

फैसला आ गया तो मजा आ गया।

नारी रोती रही बिलखती रही

तीन तलाक हटाया मजा आ गया।

सर्जिकल स्ट्राइक कराई, आतंकी मरे

अभिनंदन को छुड़ाया मजा आ गया।

काली अंधेरी रात में

क्या-क्या हुआ कैसे हुआ, काली अंधेरी रात में

मोदी ने रचना रची, काली अंधेरी रात में

मोदी के राज में बंदूक लिये हाथ में,

सैनिक तो चल दिये, काली अंधेरी रात में

पहरेदार सो गये, लश्कर के द्वार खुल गये

मोदी ने रचना रची, काली अंधेरी रात में

सर्जिकल स्ट्राइक कराई, घर कुशल से आ गए

मोदी ने रचना रची, काली अंधेरी रात में

थोड़ी सी भूल में, अभिनंदन जी गिर गये,

अभिनंदन को छुड़ा लिया, अभिनंदन के साथ में

मोदी ने रचना रची, काली अँधेरी रात में

सूरज की किरणों के साथ, काली रात हुई समाप्त

जीत के डंके बजे, काली अंधेरी रात में

जो होना था सो हो गया, काली अंधेरी रात में

मोदी ने रचना रची, काली अंधेरी रात में।

जय-जय हिन्दुस्तान

मोदी ने तस्वीर बदली, अपने हिन्दुस्तान की

जय-जय हिन्दुस्तान, जय-जय वीर जवान

बहुत सहा दुर्दिन को पर, अब नहीं सह पाएंगे

जय-जय हिन्दुस्तान, जय-जय वीर जवान

वीर जवानों के पराक्रम ने, मुंह तोड़ दिया दुश्मन का

जय-जय हिन्दुस्तान, जय-जय वीर जवान

बना दिया दुश्मन को भिखारी, दर-दर रोता फिरता है

जय-जय हिन्दुस्तान, जय-जय वीर जवान

भारत पर यदि पैर रखा तो, झेलम पार उतरेंगे

जय-जय हिन्दुस्तान, जय-जय वीर जवान

हिन्द है जन्नत की तस्वीर, तस्वीर कभी न देंगे

जय-जय हिन्दुस्तान, जय-जय वीर जवान

लहू दिया है, जमी न देंगे

दिया हुआ वापस ले लेंगे, तुझसे पाकिस्तान...

जय-जय वीर जवान, जय-जय हिन्दुस्तान

सिंह जैसा सांप मिला है, हिन्द का वीर सिपाही

जय-जय हिंदुस्तान, जय-जय हिंदुस्तान....

बागवान

अरे बागवानों ये कैसी बागवानी

करो साबित की तुम हिन्दुस्तानी

कुर्सी पर बैठा एक सन्यासी

दिशा चारों की करता निगरानी

सीमा पर खड़े वे वीर सब हिन्दुस्तानी हैं।

चाहे आये तूफ़ान या सुनामी

हम बतायेंगे की हम हिन्दुस्तानी

गले लगाये जो दुश्मन को

उसको मुँह की खानी

सांगा की तलवार, हुंकार शिवा की लगानी

अम्बर से ऐरावत को लानी है।

हम बतायेंगे कि हम हिन्दुस्तानी

जमी से चुन-चुन कर काँटों को हटानी

चाहे हो चीनी या पाकिस्तानी

नींद नहीं, विश्राम न हमको

महिषासुर को मारने वाली

दुर्गा भी बन जानी

हम बतायेंगे कि हम हिन्दुस्तानी

हुआ कैद हिमालय, उसको हमें छुड़ानी हैं।

सेलुकस को कसने वाला

चंद्रगुप्त बन जानी

हम बतायेंगे कि हम हिन्दुस्तानी हैं।

रक्त को पीने वाली चामुण्डा

बन जानी हमको सुर्यबीज ही बोनी है।

फूल सतरंगी खिलानी हैं

खिलेंगे फूल तो उड़े खुशबु गुलाबी हैं।

हम बताएंगे की हम हिन्दुस्तानी हैं।

आज का कश्मीर

56 इंच का नाप पुराना, अब 370 नाप
आज हमारे काश्मीर से गद्दार हो गए साफ़
बंद हुई चापलूसी, मेहबूबा हो गई चुपचाप
कैद हुए उमर अब्दुल्ला, हो गए बेनकाब
सेना की हिम्मत देखो, पत्थर बाज़ी साफ।
गद्दारों को राष्ट्रभक्तों ने कर दिया बेनकाब
शान्ति छाई काश्मीर में, उन्नती के होने लगे प्रयास।

भारत जोड़ो अभियान

पहले तोड़े देश को फिर यह भारत जोड़ रहे हैं।

पहले खावे अंडे मुर्गे फिर त्रिपुंड जनेऊ से जोड़ रहे हैं।

दांडी की शैली में डोले, ये कैसा भारत जोड़ रहे हैं।

ऐसी जैसे गाड़ी में रात बितावें....

सुबह नाश्ता भारी खावें, फिर यह भारत जोड़ रहे हैं।

दिया चीन को देश का हिस्सा, अब क्या भारत जोड़ रहे हैं।

गँवा दिया हैं शिवा प्रताप को , अब क्या भारत जोड़ रहे हैं।

मंदिर तोड़ मस्जिदें बनाई, कैसा भारत जोड़ रहें हैं।

खो दिया हैं लाल बहादुर को, अब यह भारत जोड़ रहे हैं।

खून बहाया सरदारों का, अब क्या भारत जोड़ रहे हैं।

देश-देश से फंडिंग करते, स्वयं पर सब कुछ गवां रहे हैं।

जिसने जोड़ा भारत को, उन महापुरुषों को भूल गये हैं।

देश पे करदी जान निछावर, उन वीरों को भूल गये हैं।

हिसंक पक्षी दुष्ट-दरिंदें, अब क्या भारत जोड़ रहे हैं।

दिल्ली बेची भारत बेचा, बचा क्या जो जोड़ रहे हैं।

 देश

यह देश हैं हमारा पहले देश की सोच लें,

पल में जान निछावर करने वाले उन देश भक्तों को खोज लें

यह देश हैं हमारा पहले देश की सोच लें

राख कितनी राख है, चारों तरफ फैलाव है

राख को ना देख, अंगारों को देख लें

यह देश...

पथवारें कितनी हैं चारों ओर फैलाव है

पथवारों को छोड़, अपने बाजुओं को देख लें

यह देश...

तलवारों को क्या देखें, बम और विस्फोटकों की सोच लें,

यह देश हैं हमारा...

अंधकार कितना हैं, चारों ओर विखराव है

अंधकार को छोड़, प्रकाश के पथ को सोच लें

यह देश...

सड़को पर लिखे नारों को छोड़, लिखने वाले गद्दारों की सोच लें लें

यह देश हैं...

ख्वाबों को छोड़ हकीकत की सोच लें

यह देश हैं हमारा...

अंधकार को छोड़, ढूंढ प्रकाश के पथ को,
हार का बलिदान कर, जीत को अंजाम दें
यह देश हैं हमारा…
खाते जो देश का, उसी की थाली में करते छेद
ऐसे गद्दारों को सोच लें
यह देश है हमारा पहले देश की सोच लें

वोट

मचा हुआ हैं हंगामा चारों ओर,

वोटो का मचा हैं चौतरफा शोर

मन ही मन झुलो में झूले,

नेता अपनी राहें भुले

हर पल मची हुई है हल-चल,

दर-दर शोर मचा है चल-चल

दिल में हो गई है खोट पैदा,

अच्छे-अच्छे वोट का सौदा

टम-टम हो रहे गाड़ी मोटर,

जिसपर लदे हुये हैं वोटर

तन की होश ना फ्रिक मन की,

वोट की धुन में हो गये सनकी

कार्यकर्ता जैसे झुंड तारे के,

पीछे-पीछे चलते सारे

राजनीति के मृग को देखो,

अनेक पर्वत खड़े हुये हैं, जैसे गंगा

पथ पर देखो इंद्र के गज से अड़े हुये हैं।

अगस्त क्रांति सन 2020

भारत का इतिहास पुराना जानता सारा संसार

कई मुगल शासकों ने भारत पर किये अत्याचार

1575 में पानीपत की जीत लड़ाई

बाबर महादैत्य ने भारत पर कर लिया अधिकार

मंदिर तोड़ गिट्टी में दबवाया, मज्जिद का कर लिया निर्माण

500 वर्षों तक चला मुकदमा

पर नहीं मिला इन्साफ

सन् 1951 में राम जन्म उत्सव में

मोदी जी ने लिया भाग

देख टाट में बैठे रामलला को

मोदी हुये दुखी अपार

मन में जब कुछ शब्द जगे

कठिन प्रतिज्ञा कर डाली

राम कसम मैं खाता हूँ, मंदिर यहीं बनाऊँगा

जभी अयोध्या आऊँगा

सन 1992 में कार सेवकों का फूटा

गुस्सा अपार

विवादित ढांचे को ढहा दिया

सरजू नदी में बहा दिया

मुख्यमंत्री ने कुर्सी त्यागी

भारत के कानून पर था पूरा विश्वास

राम मंदिर आन्दोलन चला

चलता ही रहा

आखिर एक दिन ऐसा आया

राम मंदिर पर फैसला आया

रामभक्तों का आनंद अपार

भूमि पूजन के शुभ मुहूर्त को

पंडितों ने खोज निकाला

पाँच अगस्त का शुभ दिन बाचें

पंडित करे वेदी निर्माण

भक्त मन ही मन देव मनावे

अव कोई मंत्रणा करे ना कुचाल

आज दुल्हन सी सजी अयोध्या

रामलला का खत्म हुआ बनवास

द्वार-द्वार पर सजी दिवाली

रावण कुभंकरण से मिट गये बलकारी

पाँच अगस्त की बाट निहारे

कुछ घंटो में पूर्ण होगी आस

मंत्रणा जैसे महादैत्यो का पहले से ही भारत में है निवास

भले काम में विघ्न डालने सोच रखी है कुचाल

हनुमान से वीर सिपाही नहीं पूरी होने देंगे आस

सारी लंका जल जायेगी

प्यास ना उनकी बुझ पायेगी

सिर धुन-धुन पछताये

हजारों भक्तों का वलिदान

हजारों वीरों का वलिदान

धन्य कार सेवकों को

जिन्होंने कर दिया बलिदान

हजारों भक्तों के मन मंदिर में बसे हुये हैं राम

हमारे पी एम के सब्र का परिणाम

हजारों भक्तों के मन का है विश्वास

चौदह वर्ष में खत्म हुआ था राम का बनवास

पाँच सौ वर्षों में खत्म हुआ भक्तों का वनवास

बोलो सब मिलकर रामलला की जय

जय-जय श्री राम

जय-जय श्री राम

भारत देश महान

भारत देश महान भैया, भारत देश महान...
उत्तर दक्षिण गंगा यमुना, पूर्व नर्मदा बड़ी महान
भर भुनसहरे कोयल कूके, घर-घर गुंजे तान।
युग-युग बीता यह अलबेला, कालीदास का धवल उजेला
कालीदास और मेंघदूत ने गाये कितने गान।
ग्राम स्वराज गाँधी का सपना, रूको नहीं चलना ही चलना
जन-जन जागे कर्म भावना, देव करें गुणगान।
अलग यहाँ दस्तूर पुराना, दुश्मन को भी गले लगाना
मस्त पवन पर नाचें फसलें, गाय-गीत-किसान।
दीप सजाती सजी दीवाली, ईद यहाँ पर खुशी मनाती
चर्च घंटिया प्रीत जगाती, पढ़े गीता, वेद, पुराण।

2017 का भारत

भारत झेल रहा है, बड़े-बड़े प्रहार, कहीं आतंकी कहीं उग्रवादी

लेते हैं भारत का इम्तिहान….

कहीं चोरी कहीं डाँका जारी, कहीं आदमी बना हैंवान

कहीं महामारी कहीं बीमारी, कहीं डेंगु का बड़ा प्रहार

कहीं नर्सें, कहीं नकली डॉक्टर, कहीं बच्चों पर व्रजघात

कहीं सूखा कही ज्यादा पानी, कहीं बाढ़ों का बड़ा प्रहार

नीचे लहरें ऊपर पानी, डूबा आधा हिन्दुस्तान

इंसानों की कौन कहे, मर गये सैंकड़ो बेजुबान

कहीं सड़कें कही गड्डे ज्यादा, कहीं बोरिंग का बड़ा प्रहार

कहीं रेलें पटरी से उतरें, कहीं प्लेन क्रेश हो जाये विमान

कहीं मंत्री आपस में झगड़े, कहीं मंत्रियों का विस्तार

कही साधु और कहीं सन्यासी, कहीं राम-रहीम अपवाद

मोटे मोटू साधु मिल कर करें आश्रमों में भ्रष्टाचार

देश को प्रणाम

हे जन नायक देश तुझको मेरा प्रणाम,

हमारी साँसों में सदा याद रहेगा तेरा नाम।।

जहाँ राम कृष्ण ने जन्म लिया, यह धरती बड़ी महान

हे जन नायक.........

सात समुन्दर से घिरा हुआ हैं, यह रत्नों की खान

जहाँ अमृत जैसी गंगा बहती, यमुना बड़ी महान

हे जन नायक.........

जहाँ ताजमहल और कुतुबमीनार, भारत की हैं शान

ऋषि मुनियों ने भी किया, जहाँ चारों वेदों में गुणगान

हे जन नायक.........

हिन्दु, मुस्लिम, मंदिर, मस्जिद सब तेरी हैं शान

गोदी में हैं विंध्य हिमालय, चारों धाम महान

जहाँ जन्मे भगत सिंह आजाद, और लक्ष्मी बाई महान

हे जन नायक..........

आजादी का जश्न

आजादी का जश्न है आज हर व्यक्ति में रंग भर दो,

वीर शहीद भगत सिंह, राजगुरू, सुखदेव को नमन कर लो।

रूप अलग है, रंग अलग है, भाव विचार तरंग अलग हैं,

फिर भी अपरिचित से परिचित कर लो।

नीति अलग, रूढ़ी अलग है, खुशियों के भाव अलग हैं

फिर भी प्रतिबन्धों को अनुबंधों में कस लो।

प्रेम अलग है मूल जगत की बैर घृणा को तज दो

जो हुआ वीराना उसको भी बाँहों में भर लो।

जो दूर हुआ जो खफा हुआ जो हिन्द गुलशन से अलग हुआ

भूल और शूल से भरे बैर, विद्रोहों को तज दो।

ढाल अलग हैं ढंग अलग हैं आजादी के छंद अलग हैं

फिर भी आजादी के चौकों में रंग भर दो।

कितनो ने सिंगार किये हैं लाल रक्त की रोली से

उन शहीदों को शत-शत नमन कर लो, शत-शत नमन कर लो।

चुनाव का मौसम

चुनाव का मौसम होता है मजेदार-मजेदार।

नेता बहुत बौराये है, बक-बक कर आपस में टकराये है।

नोंक छोंक करते हुये जहाँ से गुजरे,

शब्दों के दाग बहुत गहरे उतरे।

बहकी-बहकी बौछारों से जनता पर थिरके,

जनता के मन में सारे दिन रहे यह कैसे किरदार

कौन जाने क्यों खुले है नेताओं के उर के द्वार

सच्चे देश सपूतों की सांसो में है महरे महके

हर सांस में 'भारत माँ' की जय-जय की धुन गूँजे

गरीबों को पैसा देकर, स्वाभिमान मिटा दिया

चुनावी लहरों में नेता ही नही जनता को भी पागल बना दिया,

कोई बाँटे नोट हजार, और बातों की बौछार

लेना-देना कुछ नही, भरना है अपना भंडार।

आगे कदम बढ़ाना है

वक्त है कम,दूर मंजिल हमें कदम आगे बढ़ाना है।

अपना है अमन अपना है चमन अपना है वतन

हमें एक कदम आगे बढ़ाना है।

उठो जवानों बाँधों सिर पर कफन लुट रहा चमन

हमें एक कदम आगे बढ़ाना है।

झुके न सिर सहना न जुल्म हमें मौत को गले लगाना है।

हमें एक कदम आगे बढ़ाना है।

किसी बहन की माँग न उजड़े किसी बच्चे की माँ न बिछड़े

खाते है कसम खाते है कसम

हमें एक कदम आगे बढ़ाना है।

एक है जल और खून का एक ही रंग

हमें नफरतों को प्यार से भगाना है।

हमें एक कदम आगे बढ़ाना है।

करो न गम काली रात हो रही खत्म

रंग भरी प्रभात जगाना है।

हमें एक कदम आगे बढ़ाना है।

दौर

एक दौर आयेगा हर वक्त खुशी ही खुशी होगी

शोर जुल्मों के चुप होंगे शान्ति ही शान्ति होगी

हवाएँ बदलेगी मौसम में शान्ति की ताजगी होगी

अंधेरा नफरतों का बदलेगा, और रोशनी ही रोशनी होगी

पकड़ कर उम्मीद का दामन जीना सीखें अगर

हम सवार मौत के कंधे पर जिंदगी होगी

बरसात गिरेगी तो चारों तरफ हरियाली ही हरियाली होगी

हवाएँ चलेगी घटाएँ घिरेंगी शून्य में चाँदनी ही चाँदनी होगी

फिर आके चुमेगी कदमों को बुलंदी

यही मेरी जिन्दगी की शायरी होगी।

2021 का किसान आन्दोलन

कुछ पंछी पहले पलते थे राजनीति के दानों से,

दाना-पानी बंद हुआ तो चलवा दिया किसान आन्दोलन।

भारत की ऊँचाई देख दुश्मन दिल में हुए छाले अनेक,

अनपढ़ किसानों को लिया लपेट, छिप-छिप कर करते आखेट।

आन्दोलन ने कर दिया सत्यानाश, डिगा दिया किसानों का विश्वास।

तोड़ दिये है सारे गेट, मारकाट के करवाते खेल।

पुलिस वालों को लिया है घेर, खेल रहे हैं खुनी खेल।

गणतंत्र दिवस का किया अपमान, लाल किले पर चढ़े टिकैत।

किसान झंडा दिया फहराय, दुश्मन दिल में खुशियाँ अपार।

किसान आन्दोलन चलता जाये, ट्रेक्टर-ट्राली संग-संग जाये।

कितनों पर ट्रैक्टर चलवाया, रोज खिलाता नए-नए खेल।

विदेशी फंडिंग आता देख, लार टपकती मन को देख।

मन को मिले तभी संतोष, इसलिये करवाता खुनी खेल।

किसान आन्दोलन हुआ समाप्त, कुछ ना मिला और मिट गया खेल।

खण्ड – 2

नारी शक्ति और माँ की भक्ति

माँ को शत्-शत् नमन

माँ मंदिर की मूरत है…,

माँ तुझको शत्-शत् नमन…।

सरल सहज निस्पृह-सी देव तुल्य,

माँ तुझको शत-शत नमन…।

गंगा-सी निर्मलता, शरद-सी शीतलता,

माँ तुझको शत्-शत् नमन…।

माँ तुमने घर देश को उपवन-सा महकाया,

वट वृक्ष-सी रही आशौवादों की छाया,

माँ तुझको शत्-शत् नमन… ।

माँ तुम सम्बल हो शक्ति हो, सृष्टि के निर्माण की अभिव्यक्ति हो,

माँ तुझको शत्-शत् नमन… ।

दृढ़ निश्चय वज्र इरादे, मन गुलाब-सी कोमल पाती हो,

माँ तुझको शत्-शत् नमन… ।

त्याग की मिसाल, माँ के आशीर्वादों को ईश्वर भी नहीं काट सकता है,

माँ तुमको शत्-शत् नमन… ।

माँ एक प्रेरणा अहसाह की अविरल धारा है, माँ ईश्वर का अवतार,

माँ तुझ को शत्-शत् नमन… ।

माँ की यादें अनादि, यह सिर्फ अध्याय नहीं माँ से ही जीवन है,

माँ तुमको शत-शत नमन... ।

माँ कोई पर्याय नहीं, माँ पृथ्वी है...जंगल की धुरी है,

माँ के बिना सृष्टि की कल्पना अधुरी है...।

जिसने सब कुछ पाया, सब कुछ सिखाया,

कोटि-कोटि नमन ऐसी माँ को जिसने हर पल साथ निभाया...।

माँ की भक्ति जो करता, वह सच्चा भक्त भगवान का,

माँ है अभिमान, माँ ही मेरी पहचान ... ।

माँ ही मेरा स्वाभिमान, माँ है ईश समान... ।

बचपन की मस्तियों की कश्ती छोड़ आई

एक मुद्दत से अंधेरों में लडख़ड़ाती रही

बच्चों की राहो में महकते पुष्पों को बरसाती रही

मैं हमेंशा कष्टों की राहों पर चलती रही

मैं हमेंशा मुश्किलों और नफरतों से जूझती रही

और दरिया की भांति आगे बढ़ती रही

मैं दीपक की भांति रोशनी बिखेरती रही

मैं बचपन की मस्तियों की कश्तियों को छोड़ कर आई

एक समुन्दर की एक ऐसी लहर आई सब कुछ बहा कर ले गई।

मेंहनत को दिया अंजाम पर मैं हार गई

सब कुछ होते हुए भी आज खाली हाथ रह गई।

इतनी भी काबिल नहीं कि किसी काम को अंजाम दूँ

या किसी भिखारी को दो पैसे दान दूँ

मेरी वृद्धा अवस्था ने मुझे जल्दी ही घेर लई

लम्बे सफर में चलते चलते थक गई।

आँसू भरी जीवन की राहें

आसुँ भरी जीवन की राहे कोई कहे की मैं भूल जाऊँ

जहाँ परिवार मेरा मंदिर था, प्रेम मेरी शक्ति थी।

परिश्रम मेरा कर्तव्य था, बच्चों की खुशियाँ ही मेरी शक्ति थी।

मुश्किलों का सफर कट गया जैसे तैसे

सफर अब तो हो गया सैलाब जैसे

मन सिहर गया आंधी आई और नीड़ के तिनके बिखर गये,

नन्हें परिंदो को पंख लगे तो घोंसला छोड उड़ गये

दिशा और दशा सब अंतर्मन में बदल गये

उनकी उड़ान को फिर ना हॉंसला दे पाई

अपनी जिन्दगी अपने हिसाब से फिर कहाँ जी पाई

जिन्दगी के अंधेरो में जलती मिसाल थी।

मुश्किलों से बचाने में मैं, परिवार की ढाल थी

क्या क्या सोचा था, मैंने कितने सपने सजाये थें

बक्त ने ठुकराये सब कुछ गवाये

आज ना तो कोई उमंग है और ना ही ख़ुशी

वक्त अपनी रफ्तार से चल रहा है

कभी दिल उदास होता है, और कभी

झलकते आँखो में आसू है, और कभी

मृत्यु का अहसास होता है,

होंसले

भर जेब में सपने सारे निकल पडी है तोडने तारे,

ना करुँगी मन को निराश करती रहूँगी अनवरत प्रयास

सपने सच हो ना हो, कहीं थोडी सी भी जगह मिली तो तारे की तरह टंक जाऊँगी।

देखा है धकियाते रातों के सारे प्रहर

तारे मिले ना मिले चलती रहूँगी,

यह सफर और ना छोड़ुगी सपनो का देखना।

मुझे अपनी अनंत दौड़ें, स्वयं ही पुरी करनी होगी।

यदि चलते-चलते भौर हो गयी तो मुट्ठी में धूप भर लाऊँगी

जिन्दगी छोटी है पर सबसे अच्छी चारो तरफ सुगंध फैलाती है

जीवन के अर्थो को टटोल रही हूँ

जीने की इच्छा को तौल रही हूँ..

आयु तेजी से भाग रही है।

भर जेब में सपने सारे निकल पड़ी है तोड़ने तारे।

मृत्यु

हस्तक्षेप का हक भी हम सफर तक

निरस्त कर चुकी हुँ,

मुसाफिर हु सोच रही हूँ विछुड़ जाऊगी

किसी डगर पर बदली नजर आऊँगी,

जो सहेर हुई तो कभी लौटकर

नही आऊँगी लौटे सावन की तरह।

कोई कंघी ना मिली ऐसी जिससे जिन्दगी सुलझ जाती,

कदमो का सफर लंबा कभी तो थक जाऊँगी

जीवन युग क्षण किसे ज्ञात होगा

जब मृत्यु आयेगी कपडे लिये धोबिन की तरह

वक्त बदलेगा तो निद्रा में सो जाऊँगी,

रात आखिरी है समझले वस यही मरण गीत गाऊँगी।

महँगी पड़ेगी एक प्रकृति की अपेक्षा

निर्धन की तरह आई थी और निर्धन की तरह चली जाऊँगी।

माँ की रसोई

माँ भी अदभुत माँ की रसोइ भी अदभुत

माँ की रसोई में हिन्दुस्तान के सारे स्वाद,

महाराष्ट्र की भेल पुरी ओहो देखो अदभुद स्वाद

चटपटे छोले भटुरो पंजाब का वाह वाह स्वाद

दाल बाटी सँग बना चुरमा गटटे की सब्जी का अजब है स्वाद

कश्मीर केसर वर्फी के सजे है थाल

उत्तराखंड की वाल मिठाई

गुजरात की सोन-पपड़ी का गजब स्वाद

भरी कटोरी श्री खंड की

बद्रीनाथ के खुले कपाट

गुजिया बने तो मने दिवाली

हिन्दुस्तान का बड़ा त्योहार

बड़े जार में भरे रसगुल्ले

बंगाल का अजब है स्वाद

दाल-चावल भरे थाल में लिट्टी-चौखा

विहार का है अदभुद स्वाद

मध्य प्रदेश की मावा-बाटी

इंदौरी पोहा का है अदभुद स्वाद

भिन्न-भिन्न नमकीनो का देखो अजव स्वाद

दक्षिण भारत के इडली-डोसा

ओहो क्या है गाजव स्वाद।

नारी शक्ति की क्षमताएँ

महिला पुरुष की शक्ति, रणों में रण चण्डी है।

महिला एक प्रेरणा की अविरल धारा

सृष्टि के निर्माण की अभिव्यक्ति है।

महिला के बिना सृष्टि की कल्पना अधूरी है

महिला आकाश गंगा और सागर की विशाल लहर है

महिला-वीर शिखा की हुकांर, राणा सांगा की तलवार है।

महिला इंदिरा व लालबहादुर और

देश भक्तो के स्वाभिमान की कहानी है।

वीरों की वीरांगना दुर्गावती और अहिल्या बाई भी महिला ही है।

अदम्य साहस की छड़ी ऐसी महिला को नमन हर घड़ी

महिला सीता, गीता, और महाभारत की सच्ची कहानी है।

नारी की हिम्मत

बीत गयी वह बात पुरानी अब लिखेंगे नई कहानी

मुट्ठी में किस्मत अपनी है, हमको भी इज्जत रखनी है।

भारत माँ के सपूत ने नारी की सुनी करुण कहानी

कुछ कमजोरी कुछ नादानी बरसो से रोती रही नारी

अब हँसने की हमने ठानी अब लिखेंगे नई कहानी

मौलवी करते फतवा जारी नही डरेगी मुस्लिम नारी

हक लेने की हमने ठानी अव लिखेंगे नई कहानी

कुछ समुदाय दोष रोपण करते

नारी की आवाज दबाते नही दबेगी कोई नारी।

हिन्दू हो या मुस्लिम नारी

चाहे देना पड़े कुर्बानी

तीन तलाक खत्म करने की हमने ठानी।

दुख के बादल बिखर गये है

जहर हो गया अमृत प्याली

अब लिखेंगे नई कहानी,

तोड़ पुरानी जंजीरों को, पलट दी है रस्में सारी

फतवा वालों की अब हो गई खत्म कहानी।

माँ के ममत्व की करुण कहानी

कितना आगे निकल गया है वक्त की दौड़ में

बोलना सिखाया था जिसने उसी पर चिल्लाना सीख गये।

बिताई थी कई रातें गोदी में रखकर लाल को

वो आज माँ का माखौल उड़ाना सीख गये।

करी थी अनेक उपासनायें जिसके लिये

माँ के उस प्रेम को पतझड़ बनाना सीख गये

सिखाया था उंगली पकड़कर चलना जिसे आज

वह दूसरों के ईशारों पर चलना सीख गये

बिना खाये बिताये थे दिन जिसने अब उसी माँ को

भूखी तड़पता देख खुशियाँ मनाना सीख गये।

हर मुश्किल में सुरक्षा कवच बनी खड़ी रहती थी माँ,

उस माँ की मोत की दुआयें करना सीख गये।

हजारों खुशियाँ कम है उस गम को भुलाने के लिये

एक ही गम ही बहुत है माँ की बची जिन्दगी को रुलाने के लिये

जिसकी न कोई उपमा न सीमा न नाम

फिर भी वह खड़ी हुई है अदम्य साहस के साथ

माँ ने तिनको को चुन-चुन कर जो बनाया था नीड़

पल न लगी तिल्ली को उस नीड़ को शमशान बनाने के लिये

दिल खामोश है पर पैरों की धूल बन गई है दुश्मन,

कमबख्त हवा ही बहुत है जमीन से पेड़ो के काँटे उधेड़ने के लिये

कुछ कहकर वो रूक गया करीब से आज

मेरे दिन पलट गये दुनियाँ को कहने के लिये

माँ की बरसों की तपस्या धुल धूर्सित हो गई

माया का जाल बुनने में

मायावती सफल हो गई

चार दिन की जिन्दगी मिली है फासले जन्मों के है

इतने कच्चे रिश्ते क्यों है इस दुनिया में अपनों के लिये

कितने अरमान रह गये माँ के मन में

किसे क्या पता था क्या छिपा था विधाता के मन में।

"ये जिंदगी है,सदा फ़िक्र ये रोजी।

जो जीना है यही तो

क्या जिंदगी है क्या जिंदगी है।"

सब कुछ होते हुये दुखी जिन्दगी जी रही हूँ

सर्प इतने दंत के अभयंत के पी रही हूँ

कोई आम शख्स नहीं त्याग की मिसाल हूँ

मेरे बारे में किसी ने कुछ नही सोचा,

अग्नि से तीखे बाणों को विराट हिमालय

की तरह सह लेती हूँ

यूँ तो दुनिया के सारे गम हँसकर सह लेती हूँ।

जब पुरानी यादें आती है तो हंसकर रो लेती हूँ

जीवन में किसी के साथ कोई नही रहता

तकदीर अपनी पर मैं बड़ी अभागी हूँ

परिवार के जंग में हृदय में दाग धब्बे पड़ गये

लेकिन दाग-धब्बों को जिन्दगी का उपहार समझ रही हूँ

कुछ अंतर्भेदी स्वर हृदय में गूँज रहे है।

जहर सी बातें भी अमृत समझकर पी रही हूँ।

जिंदगी उजड़ गई ऐ दिल अब कहाँ और किस नगर में जाकर बसे हम।

   "देश प्रेम और जीवन के रंग" एक माँ की कलम से…

खलिश

खरीद किसने लिया है तुमको बिना मोल के

जो तुम हो गये हो पत्नि के बाप के

दिल में फिर से खलिश उठी

कि वह अब भी मेरा है।

मौसम कैसा है यहाँ रात है ना सबेरा है

शोर यहाँ बिल्कुल नही बस खामोशी का डेरा है।

कहाँ जाकर सो जाऊँ बिखरा अंधेरा है

मैं जिस मकान में रहती हूँ उसका नाम अंधेरा है

जब मैं नींद में सो जाऊँ तो पढ़ लेना

अहसासों के चिट्ठे,

साँसों के सारे चिट्ठे तुम्हारे ही नाम है

बड़ी कामयाबी के रास्तों पर निशान

मेरे ही कदमों के है

पीढ़ियों के बाद तो सिर्फ शब्दों के बंधे चिट्ठे बचेंगें

जो मन की बातों के होगे।

खरीद किसने लिया है तुमको बिना मोल के

वसीयत

हो गया मुझको क्या भूलती जा रही हूँ

उम्र का असर है या ठगे जाने का अहसास

या फिर अकेलेपन का दोष जिन्दगी नीरस सी

लगने लगी है जीवन की सांसों में

जीवनसाथी भी छटककर चले गये,

रेत की तरह सब छूटते ही जा रहे है,

अब मरूस्थल में हरियाली की

उम्मीद भी बेबुनियाद है,

सुखे वृक्ष की तरह रह गई हूँ

जिसमें फल फूल तो दूर रहे

हरे पत्ते भी नही रहे है

एक वक्त ऐसा था जब साँस लेने की भी फुर्सत नही रहती थी

आज साँस कब निकल जाये कोई देखने वाला ही नही

समय ने दिल पर बड़ा पत्थर रख दिया है

जिसके बोझ से दम घुटता जा रहा है

आँखे तो आँसू बहाकर मौन हो गई है

पर दिल अभी भी उन परिंदों के पास

पहुँचना चाहता है जिनके साथ घोंसले सजाये थे

मन चाहते हुये भी अतीत में भटक रहा है।

 "देश प्रेम और जीवन के रंग" एक माँ की कलम से...

अंतर्द्वंद की आवाज

जिम्मेदारियों के नीचे मानों खुद को भूल गई

बच्चों की कमियाँ दूर करते-करते मैं अपनी जवानी भूल गई

सबको अपना समय दिया पर मेरे पल को भूल गई

चारों तरफ काँटों की बागड पर मै शून्य से घिरी हुई

पति का डर हर पल मन में कैसे उतरूँगी खरी-खरी,

उम्मीदों का घर टूट न जाये इस अहसास से डरी हुई

सस्ती साड़ी में लिपटी रहकर पत्नि और माँ का किरदार निभाती रही,

पर इन किरदारों को निभाने में मैंने अंतर्मन को गँवा दिया

जीवन सबको देते-देते अपनी जवानी भूल गई।

चुने हुए तिनके के नीड़ को, तिल्ली आकर जला गई।

खुशियों के हर पल को, कमबख्त हवा ही उड़ा गई।

अरमानों की हर घड़ी को, काली चादर उड़ा गई।

अब सबने साथ छोंड़ दिया, इसमें ईश्वर की मर्जी समझ पड़ी।

मन में जब नए शब्द मिले, अंतर्मन ने उड़ान भरी।

अब फिर कुछ दिन जीने की, एक नई मुस्कान जगी।

बस ईश्वर से है विनती इतनी, चलते-फिरते मर जाऊँ मैं।

इसी आस को लेकर, अकेले जीने की आदत में डल गई।

तीनों बच्चों से विनती इतनी मेरे शव को तीनों के सिवाय,
छू ना पाये काली छाया भी कभी।

मस्ती भरे मन में उपवन में बीज बोये थे,

लेकिन वह बीज कांटे बनकर खिल गये

आनंद के पल आये तो पतझड़ का अहसास करा गये

संबंध तारतम्य टूट गया मुझे अकेला छोड़ गये

दिल की बस्ती भी अजीब होती है,

जख्म तलवार के बहुत गहरे होते हुये भी

भर जाते है लब्ज जो दिल में उतर गये

तो भालो की नोक की तरह चुभते है,

प्रेम द्रोपदी की साड़ी की तरह

अंबार लगाता है कोशिशों के समुद्र में

मेरी कश्ती उतार गये, हिलोरे भरे

ख्वाहिशों को लहरो के बीच छोड़ गये

 "देश प्रेम और जीवन के रंग" एक माँ की कलम से...

सूक्ष्म आत्मकथा

नयन हो रहे बावरे सीने में सुलगते अंगारे

वो दिन किधर गये जब तुम्हें माँ से प्यार था

जिगर अपना बदलले ओ मतवाले ओ मतवाले

करोगे काम तुम जैसा वैसा ही फल पाओगे

जी चाह रहा है कि कह दूं या भूलूं

या याद करूँ कुछ कहकर ही दम लूंगी

जिसे सुन आसमां भी रोता है

बाप-बेटों ने मिल लूटा और छोड़ दिया

मुझे अकेला जैसे बिना दूध देने वाली गाय होती है।

बिछड़ गये नैन मेरे बिछड़ गये प्यार ही दुनिया

उजड़ गई जिन्दगी मेरी पड़े खाने के लाले है।

पत्नि से प्यार है तुमको इस बात का कुछ गम नही

छोड़ माँ-बाप की चिंता सास-ससुर की सेवा में लिप्त रहते हो,

बेटे को इतना प्यार दिया मुख में जुबां नहीं,

मगर पत्नि के प्यार में मुझे डाँकन की संज्ञा दी,

नई दुल्हन के धोखे में करी चंडी की अगवानी

मिटा दिया घर को मेरे ऐसी कुलक्ष्मी आई,

आँसुओं की बुंदे हैं और आँखों की नमी है

कोई मजबूर होती है कोई मजबूत होती है

खुशियाँ नही जिन्दगी में हजारों गमों ने घेरा है

सुना रही वेदना अपनी जो अपने दिल में होती है।

मुझे बूढ़ी समझकर मुझे कमजोर मत समझो

जवानी मिट गई मेरी नही मिटती कहानी है।

जो आसानी से कट जाये मुझे वह डोर मत समझो

तुम्हारे कारनामों से हुई बर्बाद जिन्दगी है

आँधियों की ज्वाला हूँ आस जिन्दगी की तुम्हारी हूँ

लताओं को भी चढ़ने को बुढ़े वृक्षों की जरूरत होती है।

जिन्दगी हो रही कुरंग नही उम्मीद रंगो की

यह दुनिया सारी की सारी अपने मतलब की होती है

ना मैं छंदो की सौदागर ना कविता की व्यापारी

कभी मरियम कभी सीता कभी मैं लक्ष्मीबाई हूँ

पिता है तुम्हारे और सभी कुछ तुम्हारे बाप का ही है

मगर ताज्जुब मुझे होता कि तुम बिना माँ के जन्मे हो

तुम्हारा दोष नही इसमें कली चंडी की ताकत है

माँ के पैरों के बदले में सासो के

चरणों को धोते हो सासे तुम्हारी माता पिता ससुर तुम्हारे है

ना जाने किस लालच में पिता घृतराष्ट्र को कहते हो

जिसे पिता की संज्ञा है वो जन्मों के ही अंधे है

इसी का फायदा तो तुम, तुम्हारे ससुराल वाले उठाते है

प्यार पत्नि के अंधे में झूठी बातों पर विश्वास करते हो

जिगर माँ खोलकर रख दे तो सब झूठा समझते हो

खोल हृदय की आँखों को ओ मत वाले ओ मत वाले

करोगे काम तुम जैसा वैसा ही फल पाओगे।

 "देश प्रेम और जीवन के रंग" एक माँ की कलम से...

नारी शक्ति

मैं महिला हूँ में शक्ति स्वरूपा दुर्गा रूप अवतारी हूँ

कभी दक्ष की बेटी तो कभी

शिव पत्नि बन जाती हूँ

कभी द्रोपद की बेटी और

कभी अर्जुन की शक्ति

कभी भीम की कठिन प्रतिज्ञा

दुष्टों की भुजा-जंगा तुड़वाती हूँ

सती अनुसुईया के तप के आगे

तीनों देवों ने मानी हारी

जंगल के पलना में झुले

तीनो देवों की छवि न्यारी

जव-जव पड़ा धरा पर संकट

दुर्गा रूप अवतारी हूँ

शुभ्भ-निशुभ्भ की मारणहारी

महिषासुर संहारी हूँ

बलिदानों की गिनती नही है

मैं एक बड़ी चिंगारी हूँ

मैंने भेदा जमीं गगन को

मैं कलयुग में अवतारी हूँ

कलियुग हो या त्रेता मैं भरतखंड

की नारी हुँ, अंग्रेजों से हार ना मानी

लक्ष्मीबाई निराली हूँ

सरोजनी नायडु प्रथम स्वतंत्रता सेनानी थी

प्रधानमंत्री की गरिमा को इंदिरा जी ने खूब निभायी थी।

आज नारी की शक्ति के आगे पुरुषों ने मानी हारी है

कोई उड़ती आसमान में (सरला ठकराल)

कोई समुद्र की गहराई में (नमिता सागर)

कोई ने रखे कदम चाँद पर

नवीन इतिहास बनावन हारी (कल्पना चावला)

संगीतों की दुनिया में तो दोनों

बहनों की बलिहारी (लता और आशा जी)

खेलों की दुनिया में देखो

मेरी कौम, स्नेहा नेहवाल बड़ी खिलाड़ी है

राष्ट्रपति की गरिमा को प्रतिभा जी

ने खूब निभाई है।

सुषमा जी की कौन कहै

विदेशो ने भी मानी हारी थी

मै महिला हूँ शक्ति स्वरूपा

दुर्गा रूप अवतारी हुँ।

तूफान

तूफान आता है चला जाता है

बादल छाते है पल के लिये चले जाते है

पर छोड़ जाती है निशानियाँ

सुनामी आती और कहर ढा कर चली जाती है

एक पत्नी भी अपने परिवार को छोड़ पति के घर चली आती है

और वह जीवन साथी इतना निष्ठुर जाते

समय एक शब्द भी नही

मुश्किलों को रौंद कर जो जीत मैने हासील

की थी वह छूट जाती है।

और अब वक्त के थपेड़ों ने साथ छोड़ दिया है

और मैं रह गई अकेली

यह सच है कि शाम होते ही सूरज से

हुक्का छिन जाता है।

सुबह होते ही तारों की चमक छिन जाती है

माँ के हाथ के निवाले अक्सर बच्चे भूल जाते है।

मेरा बचपन

छोटी सी आठ बहिन भाईयों से प्यारी मात पिता की थी

पिता नामी पंडित थे संयुक्त परिवार में रहती थी

हार कभी न मानी मैंने ऐसा कोई काम नहीं

भाभियों के होते हुए चूल्हा चक्की देखा न कभी

ऐसा कोई त्यौहार नहीं नये कपड़े खिलौने न हों।

ऐसा कोई खेल नही जो भैया के साथ खेला न हो।

चकरी भौंरे से लेकर गिल्ली डंडा भी खेलती थी

भैया संग खेलना खाना भैया से ही लड़ती थी

खेलना खाना के साथ पतंग उड़ाना भैया के संग सीखी थी

भैया जैसी ड्रेस और जूते भी भैया जैसे पहनती थी

किसी तरह भी मैं भैया कभी न कम दिखती थी

खाने पीने कभी न घर मिठाई न अच्छी लगती थी

इस तरह मैंने कक्षा 8वीं की पढ़ाई पूरी करली थी

थे पिता पुराने विचारों के अब स्कूल जाना पसंद न करते थे।

माताजी ने ही मुझको 12वीं तक पढ़ाई पूरी कराई थी

कुछ नगदी और अन्य सामान साथ में भोपाल शादी कर आई थी

पति के अद्भूत स्वभाव के कारण ससुराल कभी न देखी थी।

शादी के बाद स्कूल

लकड़ी के एक छोटे से शेड में पति प्राइमरी स्कूल चलाते थे

आँधी आये तुफान मिले मुझे रुकने का कोई बहाना न था

लकड़ी के उस छोटे शेड को मैंने पक्का बना डाला था

मुझे तो आगे बढना था मुझे तो आगे बढना था।

सीखा कभी न मुश्किलों में रूकना कभी न झुकना सीखा था।

जब तक न मंजिल पा सकुं तब तक न मुझे विश्राम था

मन में सफलता की चाह थी लेकिन कठिनता की राह मिली।

मुझे तो आगे बढना था मुझे तो आगे बढना था

कुछ आगे बड़ी बड़ती ही रही माध्यमिक स्कूल की मान्यता ले डाली

मान्यता मिली कक्षायें बड़ी और छात्र संख्या भी नित नई बड़ी।

बीच-बीच में ब्रेड सेंटर प्रौढ़ महिला कक्षाये शुरू किया चलाना था

लक्ष्य ही मेरा ठिकाना था मुझे तो आगे बढना था

बाल बाड़ी, आँगनबाड़ी से लेकर पालना घर भी शुरू किया चलाना था।

मुश्किलें तो किस्मत का खेल बना, मुझे तो आगे बढना था।

शादी बाद का जीवन

शादी हुई भोपाल आई दु:ख की घड़ियों की घड़ी आई

हजारों ख्वाहिशें थीं लेकिन पूरी हुई न कभी

उम्मीद की सूरत नजर आती नहीं कभी

जिन्दगी कैसे चले नींद रात भर आती नहीं

ख्वाहिशें होंगी न पूरी मौत भी नजर आती नहीं।।

सुख-दु:ख का हाल भी हम से पूछता कोई नहीं।

निज बल की केवल आशा थी सहायता भी करता कोई नहीं।।

दुखों की भारी भीड़ सुख की उम्मीद बिल्कुल नहीं।

दु:ख ताप से हृदय व्यथित साँत्वना मिले कभी नहीं।।

आशा में बाँधे रहने से जीवन के तम मिटते नहीं।

आशा भी निराशा बनी आशा का खेल मिटते नहीं।।

आशा के चित्र स्वप्न हुए निराशा के आँसू रूकते नहीं।

जिंदगी दुर्भाग्य बनी भाग्य के चित्र मिटते नहीं।।

खुशियाँ पाने के लिये आँसू वहाना है नहीं जरूरी

खुशियाँ पाने के लिये श्रम का पसीना बहाना है जरूरी।।

मैं और मेरे बच्चे

मैंने बचपन बिताया बड़े प्यार से

खुशियाँ बटोरी भाई बहिनों के साथ में

शादी के होते खुशियाँ रंग तो फीके पड़े

था नहीं घर कोई सामान की तो बात ही नहीं

पति मिले अद्भुत स्वभाव के

प्यार तो बिल्कुल मिला नहीं।

लेकिन फिर भी भाग्य को मैंने कोसा नही कभी

दिल में चुभने वाले श्लोको से हार न मानी कभी

पति को आँखे थी खराब और आँखों से दिखता नहीं

सोचा अगर आँखों का हो इलाज जीवन में खुशियाँ महके सभी

कईयों बार कराये आपरेशन मगर सफलता मिली नहीं

इसी दौरान तीनों बच्चों के जन्म हुए

लेकिन पिता से प्यार मिला कभी नहीं

संकटो को पार कर बाधाओं को चीर कर

बच्चों की जिन्दगी था बनाना जरूरी

आशा को छोड़ा नहीं और शुक्र का उदय हुआ तभी

बच्चों को ऊँचाईयों पर देख हृदय में खुशियाँ समाती नहीं

था वही जीवन का सर्वश्रेष्ठ दिन जब बच्चों की मेंहनत ले आई रंग।

जिन्दगी के तरकस में कितने तीर बाकी है यह मैं जानती नहीं।

गति प्रबल

गति प्रबल पैरों में भीर क्यों रहुँ दर-दर खड़ी

जब तक न मंजिल पा सकूं तब तक न मुझे विश्राम है।

चलना ही मेरा काम है चलना ही मेरा काम है।

जीवन अपूर्ण होते हुए रोती कभी हँसती कभी

आशा निराशा से घिरी हुई पाती कभी खोती कभी

गति अवरुद्ध हो न कभी इसका मुझे ध्यान है

चलना ही मेरा काम है चलना ही मेरा काम है

बाधाओं से डरूँ नहीं बीच पथ पर रूकूँ नहीं

सफलता की चाह हो या कठिनता की चाह हो

लक्ष्य पाना है जरूरी इसका मुझे ध्यान है

चलना ही मेरा काम है चलना ही मेरा काम है

बाधाओं पर पाई विजय मेंहनत लग्न के बुलबुलों से

बच्चों का जीवन सुधारा कदमों पर अपने खड़ा करके

परिश्रम का बहता पसीना और मेरे बढ़ते कदम

होंगे नही व्यर्थ कभी इसका मुझे ध्यान है चलना ही मेरा काम है।

सवाल

मैं जीवन के हल ढूँढ़ रही हूँ उलझे हुए सवालों में
बंदर जैसी सारी दुनियाँ जकड़ी हुई सवालों में
पति ने तो जग को त्यागा, पत्नी को समाज में जगह नहीं।
पति पत्नी का आभूषण है कर सकती मैं श्रृंगार नहीं।
नजर नही आती खुशियाँ बहता पानी गालो में
सफेद साड़ी के प्रतिबंधों ने बाँधा अपनी चालों में।
जीवन में था मधु प्याला तन मन हमने दे डाला था
जब से पति ने जग को त्यागा, जीवन बना अभागा था
जीवन में था एक कुसुम उस पर नित्य न्यौछावर हम
मुझको जग ने जगा दिया है मेरी आँखें अब भी नम।।
कहने को आज जमाना चाँद पर जा कर पहुँचा है
आज नारी के सारे दु:खों को धूप में तपना पड़ता है।
दुख ताप से हृदय व्यथित झूठे मन के सवालों में।
अब नही उजाले की आशा, अंधयारे है बे-हिसाब
मुश्किलों का दौर है लेकिन मेरी हिम्मत लाजवाब।।

बहुत गरूर था अपने बेटे पर

बहुत गरूर था अपने बेटे पर

वक्त ऐसा बदला तो सब कुछ गवाये बैठे है

जख्म ऐसे जो अपनों से खाये बैठे है

न पूछो क्या-क्या छीना है जिन्दगी ने

कितने सपनों की पांखे माला में पिरोये बैठे है।

उन सपनों को अब खण्डहर बनाये बैठे है

हाथ अपने हम खुद जलाये बैठे है

मुझ पर बारिशें रहमतों की होगी कभी

कुछ इस तरह हम खुद को बहलाए बैठे है

कितने काल पार कर सागरों को तैर कर आई

तनाव की झुरियाँ पड़ी गालों की कोरो की

दरारों के घाव खाये बैठे है

कमर झुक गयी सीधी न होगी कभी

पसीना टपकता माथे टपटप,

शरारें छोड़ती है सुकड़ी पुतलियों

की लिहाज की तरह छुपाये बैठे है

खुशीयाँ सब हो गई मटियामेल

बेघर बच्चों की तरह मन की

उम्मीदों को गवाये बैठे है।

बेटी

बेटी है आँगन गहना भार उठाना सीख लिया

कर्म कुदाली हाथ सम्हाली सम्मान से रहना सीख लिया

आँख झुकाकर अब नहीं चलना आँख दिखाना सीख लिया

हाथों की अब डोर नही कमजोर नही सपनो को

साकार बनाना सीख लिया

जीवन में थी रात धनेरी अब प्लेन उड़ाना सीख लिया

नदी नहीं अब सागर को भी मंथन करना सीख लिया

बेटे ही क्यों बेटियों ने भी फर्ज निभाना सीख लिया

सपनों का अब खौफ नहीं अब रफाल उड़ाना सीख लिया

जीवन के अब कठिन डगर में जीत जुटाना सीख लिया

दस्तूर नही अब दस्तूर से भी लडना सीख लिया

नदियों जैसी कल-कल झरनों जैसी झर-झर करना सीख लिया

अब जीवन व्यर्थ

अब मैं धधक रही बडवानल की ज्वाला में

उम्र घट गई जिंदगी कट गई सपने जैसा लगता है बीता कल

मैंने ऐसा कभी न सोचा क्यों जीती हूँ।

क्यों पागल सी जीवन के कटु रस पीती हूँ।

उम्र ढल गई फिर भी सोच रही क्यों जीती हूँ।

यह कर्म नहीं यह चिंतन है क्यों जीती हूँ।।

दूर के ढोल लगते है मीठे-मीठे से

शादी के बाद लगते है फीके-फीके से

जीवन के संघर्षों का सपना लगता है हर पल

सब कुछ कदम दर कदम जीवन सफर के हर पल

मैंने घर को बाँध रखा था ताकतवर डोरी से

लहर एक तुफान सी आई टुटी डोरी धुंध कोहरों जैसे

आज अमावस्या की काली रात के सिवाय कुछ नहीं

जिंदगी उलझी है ब्रह्म के दर्शन जैसे,

नही यह रात का अंधरा नहीं

क्या करूं कदमों का सफर लगता है लम्बा

जन्म मृत्यु चक्र को पार करना है

जैसे चाँद से पूँछे सूरज की तरह जलता नहीं।

स्त्री का गणतंत्र तो केवल परिवार को सुचारू रूप से चलाना होता है,

जीवन कभी-कभी आँख मिचोनी खेल खेलता है।

शब्दों के कणों को मणियों में पिरोना बहुत अच्छा लगता है

कभी-कभी शब्दो का अर्थ वियोग की वेदना बन जाता है।

नारी शक्ति सृजन शक्ति है, मानुष भावनाओं का पुतला होता है।

आँख मिचोनी खेल में कभी खुशी और कभी गम होता है

जीवन में हार ना मानना मेरी सम्पत्ति से कम नहीं,

स्त्री शक्ति सृजन

उच्च श्रृंखला का सच्चा उदाहरण है नारी शक्ति

शक्ति मनुष्य भावनाओं का पुतला होता है।

जिसके साथ एक लम्बा समय गुजारा हो उससे लगाव होना लाजमी होता है।

स्त्री को चाहते हुए भी संस्कारों को भूल पाना बड़ा मुश्किल होता है,

और अब हर मार्मिक क्षणों की स्मृतियाँ पटल पर घूमती है प्रतिपल।

दादी का प्यार – पोते के नाम

आलोक का प्रकाश है, प्रियांश की वाणी में मधु सी मिठास है।

मौजी है सलोना है, अधरों पर मुस्कान है।

नटखट प्यारा-प्यारा सुरभित सारा परिवेश है।

फूल गुलाब का, लाखों-हजारों में एक अनमोल परिंदा है।

सुने आंगन के दीप हो तुम, जला दिये है दीपक प्रकाश के।

जो बुझ ना सके, ऐसे तारे हो तुम।

अपनों के ही नहीं, सबके दुलारे हो तुम।

जब तक सूरज चाँद चले, बचपन के आनंद के नव सुख-संपत्ति के दीप जलें।

ईश्वर का उपहार है, दादी का प्यार।

जिससे झिलमिलाए प्रियाश संग माँ-पापा का सारा संसार।

समय

समय जाता है जिन्दगी के साथ

जिन्दगी बदल जाती है समय के साथ

समय नही बदलता अपनों के साथ।

बस अपने छोड़ जाते है समय के साथ

सूखे दरख्तों पर कब आशियाँ बनाते है परिंदे

बरसों बरस क्या बोया-काटा और क्या आया है हाथ

जो बीत गया वह सपना था जो सच था वो सामने आया है

जीवन के सफर में अनेक मोड़ और सर्पीली घाटियाँ आई.

लेकिन मैं लड़खड़ाई नही, गिरी नही

मुझे आत्म बल ने संवल दिया था

संघर्षों से जूझते जीवन की डोर बाँधी हो जैसे विश्वास के साथ

जवानी के संघर्षों की कहानी आ पहुँची दर पर

झुर्रियों के साथ.....

माँ

माँ अभिमान तो कभी स्वाभिमान

कभी धरती तो कभी आसमान।

जन्म दिया माँ ने जिससे जग में मिले पहचान,

मुश्किल दुनियाँ में माँ ईश्वर का बरदान

माँ के बिना जिन्दगी अधूरी होती है।

कितनी भी उम्र हो माँ जरूरी होती है।

यह दुनियाँ एक तेज धूप है

पर माँ तो केवल छाँव होती है।

स्नेह से सजी, ममता से भरी माँ तो केवल माँ होती है,

धरती पर स्वर्ग है माँ की छाया,

जिसे भी मिले वह कम है,

हम एक शब्द है और माँ पूरी भाषा

हम कुंठित है तो माँ एक अभिलाषा

बस यही है माँ की परिभाषा।

जीवन की अविरल धारा

जीवन की अविरल धारा में कुछ मोड़ पीछे छूट गये।

मंजिलें आई कई कुछ अपने ही छूट गये।

पाया मैंने था बदलाव का वक्त, रास्ता मिला संघर्ष का

गुजरना मुश्किल था, बादलों की भीड़ से।

पर मैं निकल गई सागर लपेट बादलों की भीड़ से।

ना सूर्य मेरे साथ था, ना हाथ में मशाल थी।

वो शाम तो ढल गई स्याह बादल घुरते रहे।

रो-रो कर जमाने को मैंने हांसिल किया,

लेकिन वो भयानक खोह की तरह बदल गया।

मैं चडचड़ाते मांस पिंड में हवा भरती रही,

मेरे किस्मत में संघर्ष का ही साथ था।

कभी ना लगाया हाथ जीवन के अर्थ से,

खोया वही जीवन में जो कमाया था संघर्ष से।

और अब अपने अकेले पेट भरने को भी आसरा ना मिला।

संघर्ष से मैंने हार ना मानी संघर्ष ही सुपर-पावर था।

खण्ड - 3

पर्यावरण और परिवर्तन

गाँव

नये जगत में हुआ पुराना, ऊंच-नीच का सपना।

गाँव-गाँव का बच्चा जावे पढ़ने, ले वस्ता अपना-अपना।।

मेहनत के मुताबिक मिले, सबको अपना हिस्सा।

गाँव-गाँव छाई खुशहाली, खेतों में नहरी का पानी बहता।।

रोडें जुड़ीं, शहर रोड़ों से, रोजगार में सबका हिस्सा।

रोटी गैस चुल्हों पर पकतीं, घर पानी नहीं टपकता।।

घर-घर में बने लेट-बाथ, तालाब में कोई नहीं नहाता।

हर घर में टेली-विजन और मोबाइल बिना कोई न चलता।।

देश हित में रहे शाम-सवेरे, गाँव का बूढ़ा-बच्चा।

सबकी मंजिल एक हो गई, सब अपना रस्ता।।

अब हमारे गाँव में, कोई ना भूखा सोता।

कृषकों के सपने पूरे, गाँव चमकता जैसे चंदा।।

दस्तूर नफरतों के खुरदुरे होते नहीं।

ट्रेक्टरों और थ्रेसरो के बिना काम अब होते नहीं।।

राज सम्राट कालोनी

कालोनी में सर्वश्रेष्ठ कालोनी, राज सम्राट है।
जिसकी लाठी भैंस, आगे राजपूत जी हैरान हैं।
छोटे-छोटे घर-झूलों की, बड़ी निराली शान है।
कोई समझे ताज महल, कोई कुतुब-मीनार है।
इनकी रक्षा कर रहे, बड़े-बडे पाषाण हैं।
बिजली तैयार करने को, बरगी बाँध बनाया है।
और अधिक पानी हो जावे, स्विमिंग पूल तैयार है।
जरूरत नहीं तलाब जाने की, दरबाजे बड़ा तालाब है।
मौसम यदि पलट जाये, तो प्ले ग्राऊंड तैयार है।

कहीं मनायें वर्थ-डे पार्टी, कहीं दारू और भांग है।
कहीं मनायें किट्टी पार्टी, महिलाओं की शान है।
कुछ महिलायें एटमबम है, कोई अग्निबाण है।
कुछ महिलायें सीधी-सादी, फुलझड़ी के समान है।
कोई एक समझे प्राइम-मिनिस्टर घर-घर अलख जगाती हैं।
मानो छुट्टा बैल के जैसे दरवाजे अड़ जाती है।
दुष्टों, आतंकों से दुर्गा भी डर जाती है।
महिषासुर की सेना में एक पत्थर माई निराली है।
जरूरत नहीं चौकीदार की, नुक्कड़ पर रहते दो चौकीदार हैं।
कौन आया किसके यहाँ, पल-पल की खबर तैयार है।

उजड़ी और सहमी बस्ती की आवाज

उजड़ी और सहमी बस्ती की आवाज

नही यह आवाज चुम्बक के जूतों की नहीं

यह कोलाहल और चिल्लाहट सेनाओं के दो बीच का है।

जो लड़कर पाना चाहते थे शांती

यह कराह और निराशा की आवाज है।

यह आवाज नींद में सोए हुओं की नहीं,

यह तो मीठे-मीठे सपने देखने वालो की खर्राहट की आवाज है।

नही यह आवाज बम पटाखों की नहीं,

यह तो मिसाइलों और विस्फोटकों की आवाज है

यूक्रेन की धरती लाशों से सज गई है

यह तो उजड़ी सहमी बस्ती की आवाज है

नही यह आवाज चट्टानो के टूटने की नही

यह तो मकबरो मीनारों के टूटने की आवाज़ है

यूकेन को निद्रा से जागना ही होगा,

महिलाओं, बेघर मासूम बच्चों की आवाज,

चीख चीख कर कह रही है

हृदय की विशालता जहाँ होती है,

वहाँ शोक नहीं समाता,

दर्द दस्तक दिये बिना ही लौट जाता है,
पीछे डगर पर रुकने से कद छोटा नही होता
सुखों को छान लेने से कोई हिटलर नही होता
वकत वदलाव का है
आदमी अकेला होता जा रहा है
उजडी और बीरान धरती को
बनाने में ना जाने कितने
युग बीत जायेंगे।

विनाश की आहट

देख-देख देशों के युद्ध को आशांकित होती जाती है।

लगता है मुझे तीसरे युद्ध की आहट आती है।

यदि हुआ विश्व युद्ध तो भावी पीढ़ी का क्या होगा ?

मासूम बच्चों की मधुर किलकारी का क्या होगा

जो खून गिरा धरती पर उसका क्या होगा

धुंध-धुआँ जो जग में छा जायेगा उसका क्या होगा

मौत खामोशी बिछा देगी तो क्या होगा

हँसते हुये गुलाब, महकती कलियों का क्या होगा

गोलियों की बौछारे लगती सावन सी बौछारों जैसी

सम्पूर्ण जगत का क्या होगा।

बमों के पल पल से अवरुद्ध जगत का क्या होगा

क्या भौंरों की शहनाई बचेगी घृणा से

विश्व युद्ध से बचे यदि तो कार्बन उत्सर्जन से मरना होगा

ईश्वर की ललकार थाप लगे ढोलक सी

अभिलाषा

कितनी प्रतिक्षा मैनें की थी युगों से मैं ठहरी थी।

चातक पक्षी जैसे बूंदों को मैं तरसी थी।

मेरे जज्वातों में दुनियाँ-दारी से परे जिन्दगी थी,

जिंदा रहूँ या ना रहूँ बाकी जिंदगी थोड़ी थी।

मौत के बाद भी जिंदा रहूँ कुछ लालच ऐसी थी।

क्या सोच रही हूँ क्या वह सच है लौट कर आये सावन जैसा है

ना ही ईश्वर को मेरी जरूरत और ना ही मुझे, स्वर्ग जाना है।

माँ शारदा ने बख्शी भक्ति मुझे मै वही बसना चाहती हूँ

चाह है बस माँ सरस्वती मन्दिर हमेशा चलता रहे

माँ शारदा के प्रांगण में भारत माँ का झंडा हमें शा फहराता रहे

मन का मंदिर

तेरी पूजन में भगवान बना मन मंदिर आलीशान

तन में तू है प्राण में है तू।

फूल में तू है, वृक्ष में तू।

तेरे अनगीनत रूप महान तेरी पूजनपूजन…

किसने जानी तेरी माया किसने भेद तेरा पाया

हारे ऋषि मुनी कर-कर ध्यान, तेरी पूजन…

कौन बनाये तेरी सुरत किसने देखी तेरी मुरत

सारे जग में रूप तेरे अनदेखे भगवान, तेरी पूजन…

पानी का बुलबुला है जैसे दुनिया आनी जानी

मै भी उसमें भटक गया हूँ क्षमा करो भगवान, तेरी पूजन…

ना मंदिर में ना मस्जिद में, तु मन में है भगवान

नही कही दिखते है भगवान, नहीं कही दिखते है भगवान, तेरी पूजन…

दुनियाँ है मतलब की प्यारे

दिल का करो ना मोल

क्या अपना और क्या बेगाना सबको जाना है शमशान

तेरी पूजन में भगवान बना मन मंदिर आलीशान

खुशियाँ

हम घूमते है खुशीयो की तलाश में,

नजर नही आती हमें छोटी-छोटी खुशियाँ।

चंद खुशियाँ घडी की देखो

दु:ख है घड़ी के घंटे के जैसा।

खुशीयाँ घडी के सैकेड़ की सुई की तरह है

जो झट से आती है और झट से गुजर जाती है

यदि इन्हें सहेजकर नही रखा गया तो

घंटे की सुई का साथ देती है

दु:ख का एक घंटा और सुख का एक पल भी नहीं

दुख पहाड़ सा लगता है, और छोटी लगती है खुशियाँ,

एक पल में भरभराकर गिर पड़ती है

दुख को खोजना नही पड़ता, दु:ख हमें खोज लेता है

खुशियों को खोजना पड़ता है, वह जरा मुश्किल लगता है।

   “देश प्रेम और जीवन के रंग” एक माँ की कलम से...

रोटियाँ

सभी हाथ-पैर मारते है, रोटियो के लिये
पेट तो गाड़ी के पेट्रोल की तरह होता है।
क्योकि पेट को ही भूख लगती है
लेकिन पेट तो मुफ्त में बदनाम है।
सब कुछ हाथ पैर और मुंह का ही काम है
जबसे पेट में चूहों को बंद किया
तभी से पेट को पापी कहा जाता है
पेट ही तो पाचन केन्द्र कहलाता है
क्योकि खाना ही नहीं पाप भी पेट में पच जाता है
मेंहनत के बिना नही मिलती रोटियाँ
इसलिये ही तो हाथ-पैर चलाना पड़ता है
रोटियां जब नही मिलती तब मनुष्य वेचैन हो जाता है।
किसी ने सच कहा है "भूखे भजन ना होये
गोपला, ले लो अपनी कंठी माला।"

उम्र का उपहार

उम्र का ईश्वर का दिया हुआ उपहार

भावना समर्पण समझ यही कहलाता उपहार

यही उम्र बुढ़ापे में जाते-जाते बन जाती उपहार

देखा जाता है खोलकर जैसे उपहार

यदि हम भी वृद्धावस्था को खोल के

देखे तो मिलेगा जामवंत सा उपहार

हुआ युद्ध राम-रावण में

रावण की छाती में मारी लात

गिरा धरा पर रावण

जैसे हुआ व्रजघात,

हुआ अचेत और टूटा अहंकार।

यही है वृद्ध जामवंत सा उपहार

वृद्ध व्यक्ति भी विपरित अवस्था में भी जी सकता है

नवल वर्ष

नवल वर्ष है हम कुछ नया निर्माण करे

दीन हीन और मानवता का

देश हित में कुछ कार्य करें

यह महान जागृती का युग है

"यह प्रधान मंत्री का मंत्र है

मेरे भारत में नये-नए उत्थान करे।

जग में महा क्रांति कर, ज्वालाओं का गान करे

चाहे तो हम मुर्दों में भी जान फूंक दें

देश अपने पर अभिमान करे

अधिकारों की महादौड़ में तन-मन-धन

सवका त्याग करे।

हम क्या से क्या कर सकते है

हम मानव है मन ना निराश कर कुछ काम कर

जन्म हुआ कुछ अर्थ अहो

समझो जिसमें कुछ व्यर्थ ना हो

अर्जित कुछ पुण्य करो

देश में पैदा जिन्नाओ को उनकी राय दिखाओ

७० सालों की गन्दगी से देश को स्वत्छ बनाओ

चक्र सुदर्शन वनकर

अरिदल का संहार करो

कुछ तो ऐसा काम करो

मेरे भारत में कुछ नया उत्थान करो

सर्वोदय विद्यालय

सर्वोदय शाला का हृदय विशाल
जहाँ ऊँच-नीच का नही ख्याल।
यहाँ की शिक्षा ने छात्रों को मंत्रालय पहुँचाया,
और अनेकों को वकील और आफीसर बनाया।।
यहाँ बच्चों से करते है, निज बच्चों जैसा प्यार,
ऐसे है शाला के उत्कृष्ट और ऊँचे विचार।।
पढ़ाई के साथ-साथ अन्य शिक्षा का भी दिया जाता है ज्ञान,
गुरूओं के मनोबल से एक गरीब
और मजदूर छात्र बन गया किसान।।
विद्यालय एक महत्वपूर्ण खजाना है,
नैतिक चरित्रों और विकास का साधन है
जहाँ वास्तविक गुरूओं, के दर्शन होते है।
विद्यालय ही भाई चारे का सच्चा पैगाम है
यहां धनोपार्जन पर नहीं देते है ध्यान
जहाँ सिर्फ और सिर्फ देते है पढाई पर ध्यान
वास्तव में विद्यालय व्यक्तित्व, निर्माण की कार्यशाला है।
विद्यालय राष्ट्रधर्म को, अंकुरित करने की पौधशाला है
विद्यालय में निष्कपट भाव से सेवा करने का पाठ सिखाया जाता है।
गुरूओं और बड़ों की आज्ञा पालन, राष्ट्र प्रेम का संदेश
भी विद्यालय में ही मिलता है।

वर्षा

वर्षा अमृत की धारा है, इनमें भीगा जग सारा है,

यह औषधी है तन-मन की जो जरूरत है जन-जन की

आकाश कुसुम का एक मनोरम फूल है,

वर्षा आकाश का कल्पवृक्ष है, जो पहाड़ों पर उगा करते है

वर्षा पानी का एक पेड़ है, जिसकी जटाएँ

पृथ्वी पर लोट आने को तत्पर रहती है।

सूर्य ताप आकाश बंधा मेघ तोरण है

जो वर्षा के रूप में धरती पर लोट आने को तैयार रहता है।

काई वर्षा का फूल है, और स्वयं की एक सुरंग है।

वर्षा एक ऐसा प्रेमी मौसम की लहर है

जो देखते ही समुद्र में दौड़ जाती है।

वर्षा महान ऋषि मुनि है जिसे देखने

वालों की छतरियां उड़ जाती है।

वर्षा मेंघ माला की गर्जना, और मेंघ दुंदभी है

जो जय घोष में बदल जाती है।

वर्षा पोषण की ऋतु है, जो पूर्णत: उपलब्ध है।

वर्षा कुरक का फूल है, जो मौसम में उगा करते है

वर्षा फूलों की रानी और बहारों की मल्लिका है।

जो मनुष्य ही क्या पशु पक्षियों में भी जान डाल जाती है।
वर्षा तपती धरा के तन के लिये चुनर धानी है
वर्षा सैलानियों की मस्ती है।

अस्पताल के हालात

बावरा हो गया इंसान, बावरा हो गया इंसान।

जीवनदाता काले धन पर आ गये कर के तान।।

भारत में बढ़ गई आबादी आबादी से भई बर्बादी,।

अस्पतालों में झगड़ा करते ऐसे है इंसान।

इन सबकी गलती है आधी अपनी झोली है बस खाली

इनके अंदर छुपा हुआ है एक बड़ा शैतान।।

कोशिश करना इनका काम, इनका करो नही अपमान।

जर्जर शरीर में जान फूंक दे इतना नही आसान।।

विश्वस्था का चलन आ गया लोगो के व्यवहार में।

10 की दवाई 100 में मिलती तो इनकी मिट जाती मुस्कान

छोटे-छोटे रोगो को यह बड़ा बड़ा बतलाते है 1

खटमल जैसे खून चूसकर, यही वो अपराधी है।।

जब मरीज को कुछ हो जाए तो मच जाये तूफान।।

कहीं मरीजों की मौतें होती कहीं डॉक्टर चले हड़ताल।

दवाइयों का टोटा होता, मरीजों की संख्या हजारों हजार।।

मजबूरी का उठा लाभ यह दुनियाँ के टेस्ट कराते है।

अखबारों के पन्नों पर, झुठी बात उछलती है।

देखो इनकी चमकी बुखार ने, खोल के रख दी शान।

अब थोड़ी सी आशा जागी, दिल्ली में बैठा (ऐक) बैरागी

सड़े गले सिस्टम को सुधारे, जिसका नरेन्द्र मोदी है नाम।।

बावरा हो गया इंसान……

बसंती हवा

हवा हूँ हवा मैं बसंती हवा

रूप अनोखा लेकर जंगल में, वन खेतों में जाती हूँ

सूखे पत्तों की पायल की रुनझुन में खड़खड़ाती हूँ।

कभी सुनहरे बालों में, कही सरसों के फूल वसंती में

रंग भरे जीवन को मैं और भी रंगीन बनाती हूँ

कभी बेलों में कभी फूलों में नव कोयल में मुस्काती हूँ

कलियाँ दे भवरों को निमंत्रण तरुणाई में भरमाती हूँ।

कभी उड़ आसमान में श्याम घटा को लुभाती हूँ

कभी ओस कभी कोहरे को देख दुनियाँ थर्राती है

छोटी-छोटी ओस की बूँदे मोती सी सज देती हूँ।

और रंग-बिरंगे फूलों की मल्लिका भी कहलाती हूँ

आमों में आई अमराई कोयल नगमें गाती है

सुंदर नवल बसंती हवा में बसंत पंचमी आती है

देख आगमन बसंत का सरस्वती पूजन में रंग जाती हूँ

आशीर्वाद ले शारदा माँ का कलमों में ताकत आती है

आया देख-देख फागुन को फगवा गाने गाती हूँ

केसर की क्यारी और जंगल के टेसु के रंगो में रम जाती हूँ

खुशियों की चंचल सखियों में छिप छिप कर में आती हूँ

  "देश प्रेम और जीवन के रंग" एक माँ की कलम से...

पक्षी के सुन्दर पंखो में और खुशियों की चौखट में।
लाजो के घूंघट में छिप जाती हूँ।
हवा हूँ हवा मैं बसंती हवा।

पानी और छप्पर छानी

टपक रही है देखो बूंदें, टप टप करती छानी में,

उठती हृदय हिलोरे जब टपके बूंदें छानी में

सौगातें भरती आँगन में मौसम भरता झोली में

छप्पर छानी टपक रहे है टप टप करते पानी में

जलती हुई धरा के तन को, हरियाली ढकती पानी में।

झड़ते झरने प्रेम फुहारे, रिम झिम रिम झिम पानी में

चंचल सखियाँ भीग गई है, ठंडी मस्त हवाओं में

थिरक रहे आँखों के आगे, तितली के पंख पानी में

रंग-बिरंगे फूल खिले है, उड़ती सुगंध न्यारी में

खट्टी मीठी भूली बिसरी यादें आती पानी में

दादुर मोर पपीहा बोले, अंतरभेदी स्वर पानी में,

पिया प्रेम की चन्द्र चकोरी, आनंदित हो पानी में।

उगता सूरज

दिशा पूरब में देखो रोशनी को बिखेरता हुआ चला आता है सूरज

पार मुश्किलों को पार कर दृढ़ निश्चय के साथ चला आता है सूरज

कोई अपना न पराया सब पर रोशनी बिखेरता चला आता है सूरज

प्रकाश फैलाता अंधेरे को चीरता हुआ चला आता है सूरज

साहसी और बलिदानी बनने का सबक सिखाता हुआ चला आता है सूरज

करो सपनों को साकार प्रकाश को बटोरकर चला आता है सूरज

समृद्धि का प्रतीक बनने का सबक सिखाता चला आता है सूरज

विश्वास और विकास का संदेश देता चला आता है सूरज

मौसम को पहचानो और करो समस्याओं का समाधान का सर्वश्रेष्ठ
उपहार देता चला आता है सूरज

रोशनी से संकल्प ले सांसों का ढुलना बनना सिखाता चला आता है सूरज।

सराहना

सराहना भाषा का सलीका है

सराहना शिष्टाचार की जीवन शैली है।

सराहना एक मुस्कान

गर्म जोशी से भरी भावभंगीमा है।

सराहना में चमक भरने की रोशनी है

जो दूसरो की सराहना करता है

वह अपने को समृद्ध बनाता है।

सराहना एक अमूल्य निधि है

जिसे व्यक्ति सबसे अधिक खरीद नही सकता

सराहना कोई कहर नही बला या आफत नही है

वह तो कुरक की तरह है

जो हम करते है वह लौटकर वापस आता है

सराहना स्वयं की और दूसरों को नया

बनाने का सलीका है

जिससे कुंठित मनुष्य भी आगे बढ़ सकता है।

सराहना वह सबक है जिससे पछतावा दूर होता है।

सराहना सहानुभूति है जो भावनाओं को प्रभावी बनाता है।

सराहना शिष्टाचार की शैली जो हमें औपचारिकता सिखाती है।

कोरोना – 1

कोरोना ने बोल दिया संसार पे हमला

उस कंकाल कोरोना को

नही चाहिये रहने को बंगला

उस दैत्य ने जवान ही क्या

बूढ़े बच्चों को भी घर रहने को मजबूर किया।

बेटा कि शादी हो या बेटी की बीमारी

राहुल जैसे नेताओं को भी विदेश जाने को मजबूर किया

कोरोना बड़ा हत्यारा है इसने मनुष्य ही नही

पशु पक्षी भी हो गये बेहाल

मरकज का तब हुआ खुलासा

देशवासी सब हुये बदहाल

कर्तव्य यहाँ पहले आते वाद में आते है सपने

एक अरब पैंतिस करोड़ सब भारतवासी

खड़े हुये भूल गये क्या अपने क्या पराये

कोरोना – 2

कोरोना तेरे रूप अनेक एक से बढक्कर एक से एक

फिरता फिरे प्रभाव दिखाता सारा जग तुझसे हारा

जग सारे को लिया लपेट

छुप-छुप कर करता आखेट

लाखो उपायों से नही टलता

पल-पल में माया फैलाता

तूने जग को नाच नचाया

हो गया चौपट जग सारा

अर्थव्यवस्था को ठेंगा दिखाया

योद्धाओं को मरघट पहुँचाया

तेरे पास बहुत स्ट्रेन

ना ना विधि देता है पेन

तुने कर दिया सत्यानाश

डिगा दिया सबका विश्वास

छीनी नौकरी, छिना रोजगार

परिवारों की घट गई आय

करता सोशल मीडिया से बात

तेरे कारण बंद बाजार

बच्चों की खुशियाँ सब छीनी

दीपावली लगती है भीनी

तेरी इतनी हिमाकात

जग में फैलाया सन्त्रपात

हुआ वैक्सीन तैयार भारत

युद्ध करने तैयार।

आँसु

आँसु बहुत ही अद्भुत होते है

वह सार्वजनिक सामाजिकता निभाते है

कभी गमों का साथ देते है

कभी खुशियों का साथ देते है

कभी इधर का पल्ला झाड़ते है

कभी उधर का पल्ला झाड़ते है

लेकिन निभाते सभी को है

पल-पल टुटकर गिरते है

मोती बनकर बिखर जाते है

कभी लहरों की तरह आघात पहुँचाते है

कभी खुशियों का गंगाजल बन जाते है

आँसु गमों और खुशियों में ऊर्जा भरते है

सभी को बखूबी निभाते है।

आँखों को अपना घर समझते है

और उसी में समा जाते है।

वक्त का पहिया

समय करवट बदलता है

चले जब वक्त का पहिया

हजारो हिचकुले लगते

जब चले वक्त का पहिया

मनिन्दा हवा चले तो हिजकुले

धीरे से लगती है तो मोड़ अनगिनत आते है

राहे मुश्किल तभी होती

जब चले वक्त का पहिया

वक्त रुकता नही कभी

पल-पल बनाता बिगाड़ता है

रिश्ते जहर से लगे

जब चले वक्त का पहिया

जीवन के मोड़ो से हमें निर्भीक होना है

उडने के होंसले होंगे तो वक्त ठहर जायेगा

मैदान में डटे रहना हमें हरा नहीं सकता

राह आसान तब लगती

जब चले वक्त का पहिया

पेड़, धरती, माता

पेड़ बड़ा हुआ सबने देखा

कैसे खड़ा ये किसी ने नही बोला

पेड़ पर बड़े-बड़े पत्ते आये

टेहनियाँ आई सबने देखा

कैसे बड़े हुये ये किसी ने नही बोला

पेड़ पर शाखायें आई सबने देखा

कैसे आई किसी ने नही बोला।

पेड़ पर कलियाँ और फूल आये

सबने देखा कैसे आये ये किसी ने नही बोला

पेड़ पर फल आये सबने देखा

कैसे आये ये किसी ने नही बोला।

एक दिन ऐसा आया माली आया

सारे फल तोडक़र चलता बना

माली का अधिकार कैसे हुआ

ये किसी ने नही बोला।

माली ने तो केवल बीज ही डाले थे

धरती ने गहराइयों से जड़ों द्वारा

अमृत जैसा पानी सींचकर

पेड़ तक पहुँचाया

"देश प्रेम और जीवन के रंग" एक माँ की कलम से...

यह किसी ने नही बोला।
इससे तो यही हुआ कि इस पर तो
केवल अधिकार धरती माँ का ही है।
उक्त सारे कार्य माँ भी दोहराती है
लेकिन बेटा पत्नि का हो जाता है
बाप बेटे के साथ चलता बनता है
बाप को क्यों ले जा रहे हो
ये किसी ने नही बोला।
और रह जाती है सिर्फ माँ
जिसका जीवन यापन करने वाला कोई नहीं
यह कलयुग है।
एक दिन माँ का नाम इस संसार
से उठ जायेगा।

खिलाड़ी

ऊँचा तिरंगा खूबसूरत लग रहा है

भारत का भाग्य भव्य लग रहा है

खिलाड़ी चौपड़ा गजब कर रहा है

लम्बी पारियों का खेल चल रहा है

सफलता की राहों का सफर चल रहा है।

बच्चा बच्चा देश का खुश लग रहा है

भारत की दुआओं का असर लग रहा है

महकता हुआ फूलों का बाग लग रहा है

खिलाड़ी चौपड़ा गजब कर रहा है

लम्बे समय का इंतजार लग रहा है

बदली ऋतुएँ मौसम बदल रहा है

घर-घर का कोना खुश लग रहा है

खिलाड़ी चौपड़ा गजब कर रहा है

एक सूरज था तारों के घराने से उठा

सारी आँखें है नम क्या शक्स है जमाने में।

   "देश प्रेम और जीवन के रंग" एक माँ की कलम से...

जीवन

चल तू तू रूकना तु चल तू चल

यह जीवन है चलते ही रहना है।

जीवन की घनी रात में व्यापक अंधकार में,

जैसे धार सरिता की गहराती

मैं बैठी जीवन के चिंतन में

सोचा जीवन है क्षण भंगुर

महा आराधना मत कर विचलित

दीप जला प्रकाश कर गा जीवन में नव स्वर

पल-पल कहती डगर

मत बहा आँसु है मोती, बड़े कीमती से

रख छुपा मत कर व्यर्थ

तू बन समुद्र और लगा छलाँग,

बढ़ जीवन के नव पथ पर

यह जीवन है दुर्लभ, मत व्यर्थ कर,

कर कार्य जिसे दुनियाँ पढ़े हृदय भर

समय का क्षण-क्षण बरबाद न कर

उठ तू चल समय के साथ तू चल यह जीवन है

चल तू चल चलते ही रहना है।

शब्द

शब्द, शब्द की परिभाषा है।
अक्षर-अक्षर मिलकर
शब्द बड़ा बन जाता है।
शब्द, शब्द के मिलते ही
तस्वीर बड़ी बन जाती है।
देखें अगर गौर से तो कोई
मैं ही बड़ी तस्वीर हूँ।
इसलिये मुझमें ही
तस्वीर की शक्ति समाहित है।
घर हो या मकान या फिर हो दुकान
सबमें मैं समाहित हूँ।
व्यापारी हो या किसान या फिर हो जवान
सबमें मैं ही मैं हूँ।
शब्द संस्कृति, शब्द है शक्ति
परिवेशों की मुस्कान।
शब्द अलंकृत रचना की शोभा और शान
शब्दों से ही लेखक वक्ता और कवि बन जाते हैं।
शब्दों से ही सेना और सेनापति कहलाते है।

 "देश प्रेम और जीवन के रंग" एक माँ की कलम से...

शब्दों से ही बड़े-बड़े धर्मग्रन्थों में शक्ति आती है।

औषधी भी तो नामरूप के साथ पहचान भी मेरे शब्दों से आती है।

नेता और अरबपति भी मेरे ही शब्दों से बनते है।

देश की मुद्राओं में भी तो मेरा ही रूप दिखाई देता है।

इसलिये मैं कहती हूँ कि

शब्दों का संसार बड़ा होता है

कुछ बड़ा नहीं मुझसे

मैं बड़ा शक्तिशाली हूँ ...

रातें

रातें अजीव होती हैं, यह तो बस अपने खौफों का भूतवा छोंड़ती हैं।

इतनी रातें बिना सोये बिताती हूँ, और ईश्वर से प्रार्थना करती हूँ सुबह होने की।

और खौफ खुली आँखो में सामने तैरते हैं, गहरी नदी की तरह बहने लगते है।

और सवेरा होता है, नई उम्मीद की चाह होती है।

शायद नींद, आने का दिखावा करती है।

और अनसोई आँखो में, उम्मीद जगाती है।

और फिर रातों का आना होता है।

दिल का धडकना होता है।

कभी अंजान चेहरा खौफों का कारण बनता है।

और किसी करीबी का दस्तक देना होता है।

और फिर सुबह और फिर रातों पे रात,

इसी तरह यह क्रम चलता रहता है।

यह रातें तो स्वयं अंधेरों की भूत की तरह होती हैं।

और बस यह तो अपने खौफों का भुतवा छोंड़ती हैं।

*****

 "देश प्रेम और जीवन के रंग" एक माँ की कलम से...